Entdecke dein Human Design

innenwelt verlag

Haftungsausschluss:
Die im Buch veröffentlichten Ratschläge und Übungen wurden von der Verfasserin und dem Verlag mit größter Sorgfalt erarbeitet und geprüft. Eine Garantie und Haftung kann jedoch nicht übernommen werden. Die Durchführung der im Buch enthaltenen Übungen erfolgt in Selbstverantwortung.

1. Auflage 2024
Copyright © 2024 Innenwelt Verlag GmbH, Köln
Text: Barbara Peddinghaus, www.human-design-academy.com
Gestaltung: Jasmin Skroch, www.nesaja-design.de; Jonas Börste, www.behance.net/jonasboerste
Beratung & Lektorat: Daniela Wolff, www.onlydancersleftalive.com; Anne Petersen, www.dieschrittmacherin.de
Fotos der Autorin: Naomi Ante De Kind, @nantedphotography
Fotonachweise S. 220

Alle Rechte vorbehalten
Nachdruck und fotomechanische Wiedergabe, auch auszugsweise, nur mit Genehmigung des Verlages, www.innenwelt-verlag.de.

Druck: Print Consult GmbH, München

ISBN 978-3-910856-02-8

Entdecke dein Human Design

Ein Theorie- und Praxisbuch für alle, die Human Design wirklich (er-)leben wollen.

VORWORT

Mein Weg

„Den Verstand beobachten, sich des Verstandes bewusst sein – unbeteiligt bewusst sein, ohne irgendeine Seite zu wählen – das ist das Geheimnis. Und langsam, langsam, tritt der Verstand zur Seite, und dann ist da ein gewaltiger leerer Raum. In dieser Leere wirst du den Weg finden." Osho, The Osho Upanishad, Talk #5

Unser Leben lässt sich nicht planen; wir alle sind Passagiere auf unserer eigenen Reise, mit einem Ticket ins Unbekannte in der Tasche. Die Reiseroute liegt nicht in unserer Hand. Unvorhersehbare Ereignisse sind ein zentraler Bestandteil dieses Abenteuers. Auf unserer Reise begegnen wir Regen und Sturm, überstehen Flauten und genießen es, wenn ideale Bedingungen herrschen. Herausfordernde Umwege sind genauso unvermeidlich, wie die wunderbaren Erfahrungen und Entdeckungen, die uns erwarten.

Das Human Design lehrt uns, dass wir unser Leben nicht kontrollieren können. Aber der Weg wird deutlich leichter, wenn wir lernen, die zahlreichen Untiefen zu umschiffen. Es stattet uns mit einem zuverlässigen inneren Kompass aus, der uns Orientierung gibt, wenn die Vielzahl möglicher Entscheidungswege uns die Sicht vernebeln.

Mein Weg

Auch ich war – gebeutelt von Unwettern und Irrwegen – irgendwann auf der Suche nach dem „Heiligen Gral" der Selbsterkenntnis. Nach einer Antwort auf die Fragen, wo es für mich wirklich hingeht im Leben, wie ich meinen Lebenssinn und meine persönliche Erfüllung finden kann.

Die Erkenntnis, buchstäblich auf Grund gelaufen zu sein, überkam mich in meinen Dreißigern. Ich war gerade erst verheiratet, auf dem aufsteigenden Ast meiner Karriere und dennoch voller Fragen und Zweifel, eine innere Leere hatte sich in mir ausgebreitet. Ich sehnte mich danach, mich selbst zu verstehen – meine Motivationen zu verstehen, was mir fehlte, um zu einem Zustand friedvoller Selbstliebe zu gelangen. Während ich genau wusste, welche Erwartungen andere an mich stellten, blieb die Frage: Was wollte ich selbst?

Meine Entdeckungsreise führte mich durch vielfältige Ansätze, angefangen bei Persönlichkeitsanalysemodellen wie Insights Discovery bis hin zur Astrologie. Jedoch führte keiner dieser Wege zu einer nachhaltigen Weiterentwicklung. In meiner Ausbildung zur Heilpraktikerin für Psychotherapie kam ich erstmals mit dem Human Design System in Kontakt.

Kurz darauf folgte mein erster „Living Your Design"-Einsteigerkurs. Unter der fachkundigen Anleitung meiner Lehrerin Nisarg Nikiel im OSHO-Zentrum in Heidelberg traf ich auf Menschen, die in ihrer Art ganz anders waren als ich. Eine bunt gemischte Gruppe herzenswarmer Persönlichkeiten und eine Lehrerin, die mich mit ihrer außergewöhnlichen Präsenz sofort in ihren Bann zog.

Mit der transformierenden Kraft gelebter Spiritualität hatte ich bis dahin nur wenig Berührungspunkte. Schnell wurde mir bewusst, dass es hier nicht um das bloße Erlernen theoretischen Wissens ging. Vielmehr stand die Entdeckung meiner ureigenen energetischen Essenz im Mittelpunkt. Und endlich bekam dieser Prozess den Raum, den er benötigte. Noch nie zuvor hatte ich mich in meiner Natur so klar gesehen und verstanden gefühlt und eine derartige Resonanz des inneren Erkennens in mir wahrgenommen.

Mit Begeisterung, Berührung und Neugierde kehrte ich von dieser Erfahrung nach Hause zurück. Der Grundstein für meine persönliche Human Design-Reise war gelegt. Der Einstieg in die Ausbildung stand fest.

Im Alter von 35 Jahren hatte ich bereits wichtige Lebensentscheidungen getroffen und vermeindlich die Segel in Richtung Zukunft gesetzt. Vieles schien unwiderruflich, wie in Stein gemeißelt. Trotz sorgfältiger Planung und entschlossener Umsetzung waren meine Energie, Motivation und Freude auf der Strecke geblieben, denn meine Entscheidungen waren größtenteils durch die Erwartungen anderer, der Vermeidung von Konflikten und dem Drang, meinen Wert zu beweisen, geprägt. Dabei hatte ich den Kontakt zu dem, was mich wirklich ausmacht oder was ich wirklich wollte, größtenteils verloren.

Mit dem Human Design und dem Erkennen meiner inneren Autorität, die immer mehr das Steuer übernahm, wurde immer klarer, dass dieser Kurs nicht mehr zu mir passte.

Mit der Zeit gelang es mir besser zu verstehen, an welcher Stelle und wodurch ich von der Route meiner Bestimmung abgekommen war. Ich verstand, welche Korrekturen notwendig waren, um Kurs auf ein sinnvolleres Leben im Einklang mit meinen natürlichen Begabungen und Fähigkeiten zu nehmen. Es ging darum ehrlich hinzuschauen, meinen eigenen Bedürfnissen und Wünschen mehr Raum zu geben und zu Entscheidungen zu stehen, die bei anderen Unverständnis oder Kopfschütteln auslösten.

Ich erkannte, dass mich das Leben immer wieder auffing, wenn ich den Mut hatte, meiner Energie zu folgen und Entscheidungen jenseits des rationalen Verstandes zu treffen. Statt des planmäßigen strukturierten Vorgehens der Vergangenheit brachte mich mein innerer Kompass nun an Orte, die mir bis dato verborgen geblieben waren. Es eröffnete sich eine neue Welt, unvorhersehbar, überraschend, herausfordernd und auf allen Ebenen bereichernd und mir zugehörig.

Mit all diesen Erfahrungen im Gepäck weiß ich heute, dass ein erfülltes Leben mehr ist, als Häkchen auf eine Bucketlist zu setzen. Und ich weiß auch, dass wir das Gefühl der inneren Zufriedenheit nicht planen können, wie einen Sommerurlaub, sondern dass es sich einstellt, wenn wir bereit sind, Schritt für Schritt authentisch unserer eigenen Richtung zu folgen.

... und wohin er mich führte

Nach meiner Zertifizierung zur Heilpraktikerin (Psych.) wollte ich tiefer gehen, Menschen besser verstehen, Zusammenhänge erforschen und durchdringen. Meine Ausbildung zum Human Design-Analytiker (IHDS) ergänzte ich durch weitere Ausbildungen u. a. im Bereich der Körperpsychotherapie und des systemischen Coachings. Im Jahr 2015 eröffnete ich meine eigene Praxis für Coaching und Therapie und gründete die Human Design Academy.

Diese theoretischen und praktischen Erfahrungen zusammen bilden die Basis für meine Human Design-Lehre, die nicht nur das Wissen, sondern auch die körperliche Erfahrung in den Transformationsprozess miteinbezieht.

Unser Verstand kann vieles denken und Hypothesen entwickeln. Solange die konkrete Umsetzung ausbleibt, kann auch das tiefste Wissen unser Leben nicht verändern.

Nach vielen Jahren als Lehrerin der internationalen Human Design Schule (IHDS) und vielen Hunderten Kursteilnehmern, die ich auf ihrer Reise begleiten durfte, kann ich heute mit

Gewissheit sagen, dass nur der lebendige Prozess der Auseinandersetzung mit dem eigenen Design nachhaltige Veränderung bewirkt. Jedes Design ist einzigartig und jede Lebensreise verläuft nach eigenen Gesetzmäßigkeiten. Orientierung offenbart sich, wenn wir die Fähigkeit entwickeln, uns im eigenen Inneren stabil zu verankern und zu wissen, wohin wir uns ungeachtet aller Herausforderungen wenden können, um verlässliche Antworten zu finden.

Das Human Design hat mein Leben, meine Beziehungen, meine Sicht auf die Welt grundlegend verändert. Es hat mich zur Selbstliebe, zu Verständnis und Akzeptanz geführt und meine tiefe Faszination für die Unterschiedlichkeit von Menschen bestätigt und gestärkt.

Eine neue Perspektive auf das Leben

Wir sind nicht hier, um alle gleich zu sein. Wir sind hier, um unsere Unterschiedlichkeit und unsere Besonderheit zu erkennen und in dieser Welt zu verkörpern. Heute bin ich sehr dankbar, wenn ich daran zurückdenke, wie mein Leben sich bis heute weiterentwickelt hat und immer noch entwickelt. Als Lebensphilosophie offenbart Human Design immer tiefere Schichten des eigenen Seins. Für mich war es *der* Wendepunkt in Richtung eines ehrlichen und authentischen Lebens und ich fühle Freude und Erfüllung, wenn ich als Human Design-Lehrerin heute andere Menschen auf ihrer Reise zu sich selbst unterstützen darf. Das erscheint mir jetzt wichtiger denn je.

In einer Welt, die zunehmend von Unsicherheit und Desorientierung, KI, Fake News und Algorithmen geprägt ist, gewinnt die Verwurzelung im eigenen Inneren zunehmend an Bedeutung. Viele Menschen sehnen sich nach einer Verbindung mit ihrem innersten Wesenskern, suchen zuverlässige Antworten und stellen sich die Fragen, wer sie, jenseits aller Konditionierungen und Anpassungen im Außen, wirklich sind, welchen Sinn ihre Lebensreise tatsächlich hat. In meiner täglichen Arbeit unterstütze ich Menschen dabei, genau diese Erkenntnisse für sich selbst zu erschließen. Hierbei gibt es keine Dogmen, keine standardisierten Lösungsansätze, keine vorgefertigten Analysen oder festgelegten Antworten. Jeder befindet sich auf seiner individuellen Reise und hat das Recht, seine eigene Wahrheit und seine persönlichen Schätze zu entdecken.

Human Design und der Körper

Die Kontaktaufnahme mit dem eigenen Inneren, die Rückverbindung zum Selbst durch den Körper ist dabei der wichtigste erste Schritt. Erst wenn wir uns in unserem Körper wieder spüren und zuordnen können, was als Energie und Kraft in ihm schlummert und sich auf verschiedene Arten in uns und durch uns ausdrückt, kann aus meiner Sicht das Wunder der persönlichen Selbstentfaltung beginnen.

Auch im wissenschaftlichen Kontext hat sich inzwischen gezeigt, dass der Körper eine wesentlich größere Rolle bei Prozessen der Erkenntnis, Abkehr von blockierenden Verhaltens- und Gedankenmustern und Neuausrichtung spielt, als lange vermutet. Du kannst nicht alles werden, was *du willst, aber alles was du bist* – lautet die Überzeugung dahinter. Es ist die lebendige Erfahrung, die körperlich erlebt und gefühlt wird, die den Unterschied macht und die nachhaltige Neuausrichtung bringt.

Und so ist es auch das lebendige körperliche Erleben im Human Design, das den Unterschied ausmacht. Das Human Design kann *mental* weder in seiner Tiefe verstanden werden noch wirkliche Veränderung *bewirken*. Deshalb möchte ich mit diesem Buch Möglichkeiten aufzeigen, wie das individuelle Human Design-Chart als Schatzkarte *gefühlt* werden kann. Jedes Element im Human Design hat eine energetische Frequenz, die wahrnehmbar ist, wenn man weiß, worauf man den Fokus richten muss. Jeder kann es ausprobieren und durch etwas Übung erlernen.

Dabei macht es Sinn, vorsichtig und achtsam voranzugehen und sich selbst und den Körper nicht zu überfordern. In Momenten der Überforderung neigen wir dazu, uns zu verschließen und in die Erklärungen des Verstandes zu flüchten. Das wiederum hindert uns daran, dorthin zu schauen und zu fühlen, wo wir eigentlich hinmüssen, um neue Erkenntnisse zu gewinnen und zu wachsen.

In Zeiten der Informations- und Reizüberflutung ist es leicht, sich in der Human Design-Theorie zu verirren, und dabei die inneren Orte zu übersehen, die für das eigene Leben die größte Bedeutung haben. Auf dieser Ebene bleibt auch das Human Design ungreifbar. Als Kopfwissen zwar informativ, unterhaltsam, lehrreich – aber im Grunde nur ein weiteres System ohne tiefgreifende Wirkung.

Wenn es aber gelebt wird, gefühlt und erfahren wird – langsam, mit Bedacht und aufmerksam –, dann stellen sich sehr schnell erste Veränderungen ein und es braucht schon nach kurzer Zeit vor allem Mut. Mut sich verdrängten Gefühlen, Ängsten und Glaubenssätzen zu stellen und die Hindernisse zu überwinden, die der eigenen Lebensreise im Weg stehen.

Diesen neuen Weg einzuschlagen, heißt buchstäblich, eine Reise ins Ungewisse anzutreten und in der Rückverbindung mit dem eigenen inneren Selbst die Basis zu legen für ein authentisches, sinnstiftendes und lebendiges Leben.

In diesem Buch zeige ich dir, wie du diesen Weg einschlagen kannst. Wie du anfangen kannst, dich selbst und deine innere Ausrichtung zu fühlen und dich auf den Weg zu machen.

Ich empfehle dir, die Kapitel schrittweise zu durchlaufen, dir ausreichend Zeit zu nehmen und zunächst das zu bearbeiten, was auf dich zutrifft. Lass dich auf deine Human Design-Reise ein und heiße dich endlich willkommen, in *deinem* Leben.

Frankfurt im Januar 2024

Liebe Lesende,
im Folgenden wird aus Gründen einer verbesserten Lesbarkeit das generische Maskulinum verwendet. Diese ausschließliche Verwendung maskuliner Formen beinhaltet keinerlei Wertung und schließt sämtliche Geschlechter mit ein.

ETAPPE 1

Was ist Human Design? — *13*

ETAPPE 2

Typ, Aura, Strategie — *27*

ETAPPE 3

Die Autorität — *87*

Es ist nicht so, dass wir Heiler werden.
Wir kamen als Heilende.
Wir sind sie.
Manche von uns sind noch dabei zu werden,
wer wir sind.

Es ist nicht so, dass wir
Geschichtenerzähler werden.
Wir kamen als Träger der Geschichten,
die wir und unsere Vorfahren lebten.
Wir sind sie.
Manche von uns sind noch dabei zu werden,
wer wir sind.

Es ist nicht so, dass wir Künstler werden.
Wir kamen als Künstler.
Wir sind sie.
Manche von uns sind noch dabei zu werden,
wer wir sind.

Es ist nicht so, dass wir Schriftsteller, Tänzer,
Musiker, Helfer, Friedensstifter werden.
Wir kamen als solche.
Wir sind sie.
Manche von uns sind noch dabei zu werden,
wer wir sind.

In diesem Sinne ist es nicht so,
dass wir lernen zu lieben.
Wir kamen als Liebe.
Wir sind Liebe.
Manche von uns sind noch dabei zu werden,
wer wir wirklich sind.

Clarissa Pinkola Estes*

*Aus: A Simple Prayer for Remembering the Motherlode by Clarissa Pinkola Estes from The Contemplari manuscript
Übersetzung: B. Peddinghaus und D. Wolff

ETAPPE 1

Was ist Human Design?

Die Reise *deines* Lebens

Wir alle sind auf dem Weg. Eigentlich ständig. Wir suchen und finden. Wir warten, wir leben. Mal ruhig, mal rasant. Mal ganz geschmeidig, mal holpernd und polternd. Und manchmal fragen wir uns: Wie bin ich eigentlich hergekommen? Bin ich hier überhaupt noch richtig? An diesem Punkt begegnen immer mehr Menschen dem Human Design System – und erhalten Antworten. Denn wie kein anderes Selbstentdeckungstool gibt uns das Human Design System eine neue Perspektive auf unsere aktuelle Situation, und mehr noch, unser ganzes Leben. Die Grundlage dafür ist die Erkenntnis: Ich bin einzigartig. Ich bin anders. Und genau dasselbe gilt für mein Gegenüber. Was für mich richtig ist, muss nicht für andere stimmen. Was andere ablehnen, kann genau mein Weg sein.

Human Design hilft uns, die Einzigartigkeit des Menschseins wirklich zu verstehen und zeigt uns gleichzeitig, wie wir zusammenwirken. Denn wir alle sind Teil des Ganzen. So beginnen wir, uns und unsere Beziehungen auf eine neue Weise zu sehen. Je mehr wir uns unserer selbst bewusst werden und je bewusster wir unser Human Design leben, desto mehr bringen wir unser Leben in Einklang. Wir entwickeln mehr Verständnis für andere. Wir trauen uns, ganz authentisch wir selbst zu sein und endlich mit voller Überzeugung den Weg zu gehen, der wirklich für uns bestimmt ist. Nach und nach rückt alles an seinen Platz. Widerstände lösen sich auf und das Leben kommt in seinen natürlichen Fluss.

Die Beschäftigung mit dem Human Design ist eine Reise zu dir selbst – ein transformierendes Abenteuer, bei dem ich dich mit diesem Buch begleiten möchte.

Das Leben ist eine Reise zu dir selbst.

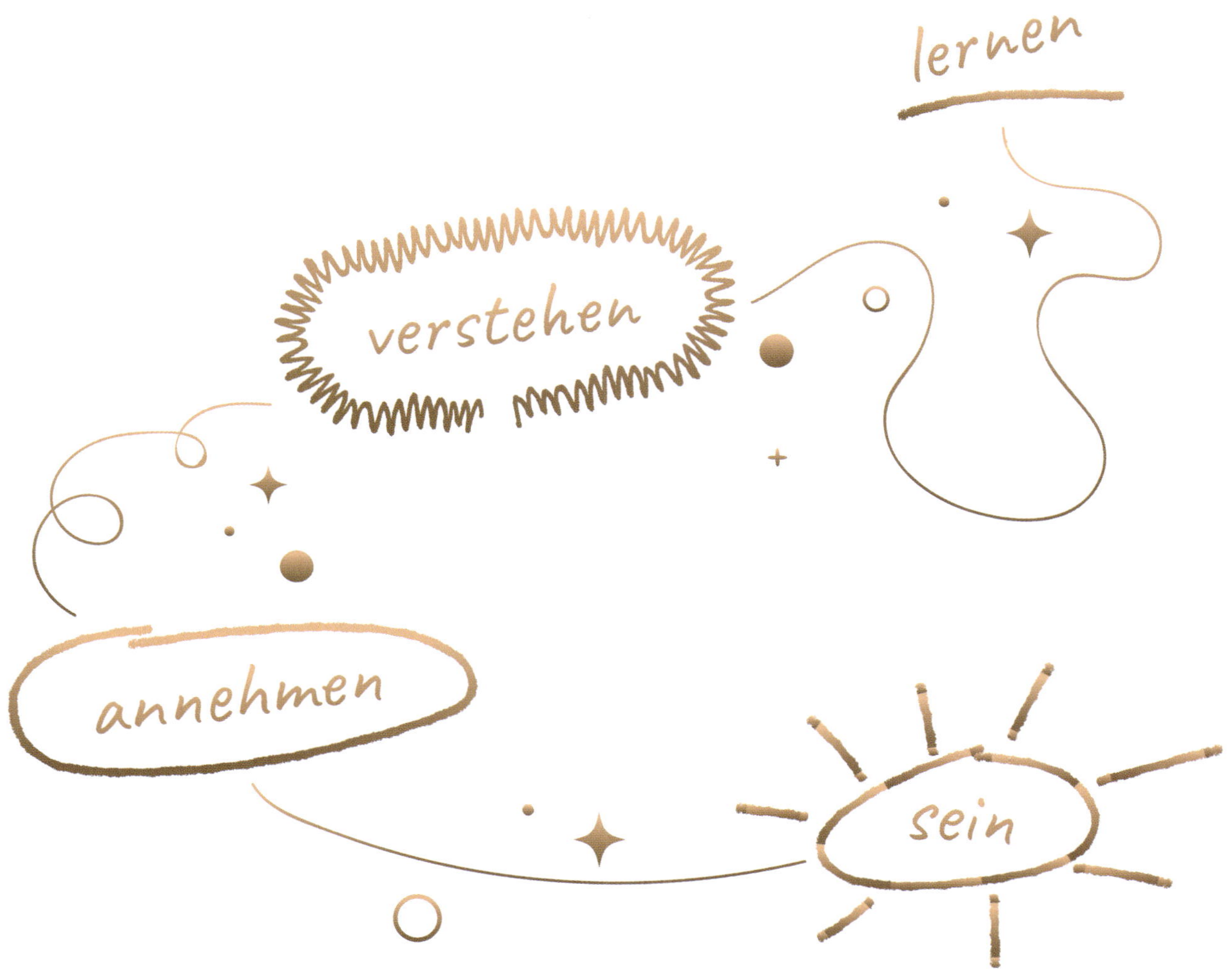

Je bewusster du sie erlebst, desto mehr kannst du sie genießen.

Erkenne *dich selbst*

Das Human Design System ist in erster Linie ein Selbstentdeckungstool. Es ist die Wissenschaft der Einzigartigkeit, der Differenzierung.

An erster Stelle steht der Blick auf dich selbst.

Viele verstehen das Human Design System vor allem als Technik, um anderen etwas aufzuzeigen; anderen zu helfen, mit sich ins Reine zu kommen. Und klar: Das Human Design System eignet sich sehr gut dazu, Menschen in ihrem individuellen Prozess zu unterstützen. Aber: Zuallererst sollte jeder das Human Design System als Werkzeug für die eigene Entwicklung und Selbsterkenntnis einsetzen. Denn nur, wenn wir unser eigenes Human Design wirklich in der Tiefe verstehen und authentisch leben, können wir andere auf ihrem Weg begleiten.

Bist du bereit, dir selbst zu begegnen?

Sobald du beginnst, dein Human Design zu verstehen, entwickelst du nicht nur ein Bewusstsein dafür, wer du eigentlich bist. Du erkennst auch, was Human Design wirklich ist – und welche Kraft ihm innewohnt. Das Ganze ist ein Prozess, in dem vieles unterbewusst abläuft. Das braucht Zeit. Das neue Wissen muss sacken können, sich in dein Leben einfügen. Der wahre Reichtum enthüllt sich dir vor allem beim Beobachten und Anwenden im Alltag.

Geh auf die (Wieder-) Entdeckungsreise.

Auf deiner Reise wirst du Gegenden deines Seins erkunden, die du noch nicht kennst. Mal wird dir alles undurchsichtig erscheinen, endlos. Dann wieder werden die Nebel sich lichten für neue Erkenntnisse. Das ist transformierend. Das macht etwas mit dir. Deshalb ist es sehr wichtig, dass du wirklich bereit bist, um zu sehen, zu erkennen, vielleicht auch zu verändern. Dabei geht es nicht darum, ein neuer Mensch zu werden und neue Fähigkeiten zu entwickeln. Auf deiner Reise wirst du „nur" finden, was ohnehin schon deins ist: dein wahres Ich, mit all deinen verborgenen Schätzen.

Auf den folgenden Seiten erkundest du die Potenziale, die schon immer in dir angelegt sind. Einige werden dir sehr vertraut sein, andere wie versunken erscheinen, manche sind dir vielleicht ganz unbekannt. Egal, wie fremd dir alles erscheinen wird, wie unglaublich, wie anders: Gleichzeitig wird sich vieles einfach richtig, dir zugehörig anfühlen. Wir nennen das: resonieren – in Resonanz gehen. Als klinge eine längst vergessene Wahrheit in dir an.

Wenn du etwas über dich hörst, das sich sofort richtig und wahr für dich anfühlt, nennen wir das Resonanz.

Viele Menschen, die schon länger mit dem Human Design System reisen, berichten davon, dass vieles sich plötzlich fügt, wie alles mehr und mehr zu passen scheint – ohne Biegen, ohne Brechen. Dass sich neue Wege eröffnen und man ganz natürlich dorthin gelangt, wohin man schon immer gehörte. Der Lohn ist weniger Widerstand und mehr Leichtigkeit. Es ist wie in einer Schiffsbesatzung. Wenn jeder die richtige Position innehat, seine Aufgaben beherrscht und weiß, wann sein Einsatz ist, funktioniert das Miteinander.

Das Human Design zeigt dir, wer du bist – und auch: Wer du nicht bist. Du erhältst die Erlaubnis loszulassen, du darfst aufhören zu kämpfen.

Vielleicht befindest du dich in deinem Leben bereits an der richtigen Stelle und lernst nun, sie noch authentischer auszufüllen. Vielleicht ist es auch an der Zeit, dich neu zu positionieren und dabei zum Beispiel Teile deines Umfelds zu ändern. Wer sein Leben lang gelangweilt den Ausguck besetzte, mag in der Schiffskapelle endlich die ersehnte Leichtigkeit finden. Wer mit größter Mühe die Kapitänslaufbahn anstrebte, erfährt sein wahres Glück als Teil der Kombüsen-Crew.

Das Schöne daran: Alles, was du brauchst, ist bereits in dir verankert.

Human Design hat auch immer etwas mit Selbsterlaubnis zu tun. Lebe dein Design, das bedeutet auch: Du darfst sein, wie du bist. Denn so bist du genau richtig.

Einmal bei dir selbst angekommen, gibt es kein Zurück.

Die *Körpergrafik*

Deine ***Körpergrafik*** – wir nennen sie auch ***Human Design-Chart*** – ist deine energetische Landkarte. Sie gibt dir klare Hinweise auf deine naturgegebenen Stärken und jene Bereiche, in denen du von anderen lernen darfst. Man könnte auch von einer Schatzkarte sprechen, denn dein Chart birgt unendlich viele Erkenntnisse und Entdeckungen: Sie weist dir den Weg zu deinem inneren Reichtum.

Auf deinem Chart siehst du neun Inseln – die sogenannten ***Zentren*** deines Human Designs. Bei den meisten Menschen sind einige davon farbig und andere weiß. Sie machen dich zu dem Energie-Typ, der du bist.

Dein ganzes Chart ist weiß? Keine Panik: Das bedeutet nicht, dass du „weniger" bist als andere. Im Gegenteil: Du gehörst zu jenen 2% der Menschheit, die die Gruppe der **Reflektoren** ausmachen. Lies mehr dazu im Kapitel zu den Reflektoren.

Deine Körpergrafik zeigt dir, wer du bist und auch, wer du nicht bist.

Die farbig umrandeten Flächen nennen wir *Zentren*.

Die Zahlen bezeichnen die *Tore*.

Die Verbindungen dazwischen sind *Kanäle*.

Bevor es *losgeht*

Eine gelungene Reise möchte gut vorbereitet sein. Und auch für unser Abenteuer bedarf es einiger grundlegender Dinge.

— abhaken

Deine To-dos

○ 1. Erstelle dir dein Human Design-Chart

Um diese Reise antreten zu können, benötigst du dein persönliches Human Design-Chart. Falls du noch keines hast, kannst du es dir unter Angabe deines Geburtsdatums, der genauen Uhrzeit und des Ortes einfach kostenlos erstellen lassen, z. B. auf unserer Internetseite:
www.human-design-academy.com/human-design-chart-erstellen
oder unter **www.jovianarchive.com/get_your_chart**

○ 2. Nimm dir Zeit

Deine Human Design-Reise ist kein Wochenendtrip. Dafür dringst du zu weit, zu tief, zu intensiv in dein Innerstes vor. Hetz dich also bitte nicht! Nimm dir die Kapitel dieses Buches nach und nach vor. Lass dir die Zeit und den Raum, das Entdeckte zu verarbeiten. Kehre immer wieder an den Anfang zurück. Reflektiere. Folge den Einladungen zur Exploration. Nur so kannst du das volle Potenzial deiner Reise ausschöpfen.

○ 3. Wirf alle Vorurteile über Bord

Wahrscheinlich hast du schon das ein oder andere über Human Design gelesen oder gehört. Es gibt so viele Informationen da draußen: Manche sind genau richtig, andere führen dich in die Irre. Daher unser Rat: Starte hier noch einmal neu. Geh ganz unvoreingenommen an die Erfahrung heran. Bleib neugierig. Mach dir deine eigenen Bilder. Lass zu, dass die Dinge anders sein könnten, als du immer geglaubt hast.

○ 4. Lass dich berühren

Die Beschäftigung mit dem Human Design ist immer auch eine körperliche Erfahrung. Es lohnt sich, die Schutzschilde beiseite zu legen und dem Spüren Raum zu geben. Schau ganz offen, welchen Gefühlen du begegnest. Erlaube dir Erleichterung und Freude, aber auch Traurigkeit und Wut. Lass alles an dich heran und beobachte ohne Urteil, was in dir geschieht.

○ 5. Begrüße, wem du begegnest

Sei mutig und offen: Keiner, der die Human Design-Reise antritt, kommt unverändert zurück. Die Erfahrung verändert dich und deine Sichtweise auf die Welt. Du begegnest niemand geringerem als deinem wahren Ich. Tu es mit offenen Armen. Heiße dich in deinem Leben willkommen.

○ 6. Vernetze dich mit Gleichgesinnten

Es ist unglaublich bereichernd neue Erfahrungen zu teilen, darüber zu reden und zu staunen. Daher empfehlen wir allen Reisenden, sich Gleichgesinnte für den Austausch zu suchen. Ein schöner Ort dafür kann unsere Instagram-Community sein. Dort findest du regelmäßig Informationen und Insights zu vielfältigen Human Design-Themen. Du findest sie unter **@humandesign_academy.**

Logbuch: Erste Eindrücke und Erwartungen

Datum ____________

1. Was erwartest du von der Arbeit mit diesem Buch?
Vielleicht möchtest du hier deine ersten Gedanken festhalten?

2. Hast du das Gefühl in deinem Leben am richtigen Platz zu sein?
Begründe deine Antwort kurz.

Die **Logbuchseiten** unterstützen dich in der Verarbeitung deiner Eindrücke, regen zur Reflexion an und sind nicht zuletzt dein persönliches Reisetagebuch.

3. *Wo im Leben kämpfst du regelmäßig mit Widerständen?*

4. *Wo fallen dir die Dinge leicht und einfach zu?*

Übung:

Übertrage dein Human Design-Chart in diese Vorlage. Nimm dir Zeit, wähle deine liebsten Farben und Muster. Halte immer wieder inne und achte darauf, welche Gefühle und Gedanken sich zeigen. Wenn du magst, kannst du sie gleich nebenan festhalten.

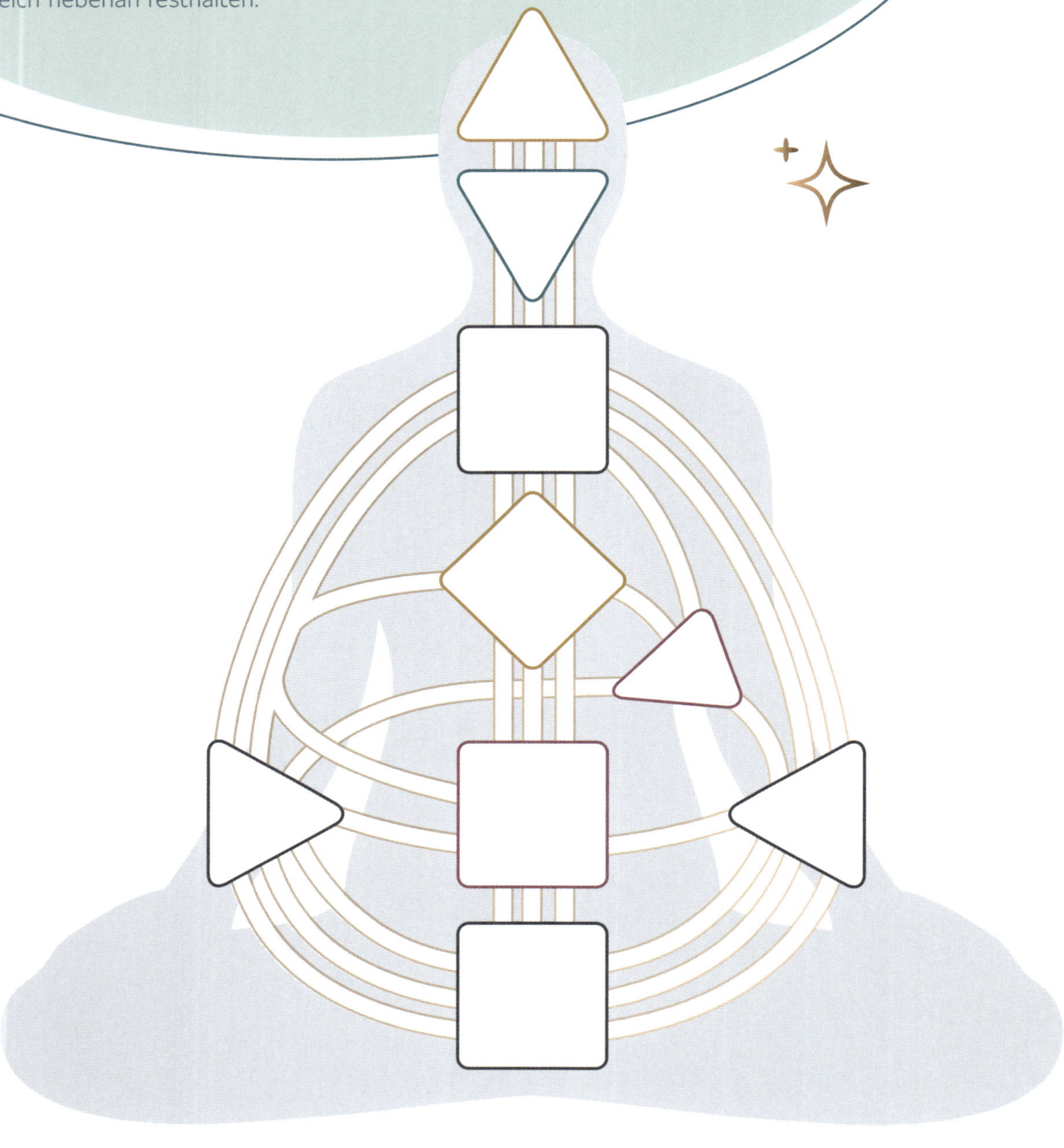

Weil die Übung so schön ist, findest du dieses Chart auch als Kopiervorlage hinten bei den Souvenirs und als PDF zum Download.

Raum für deine Gedanken:

ETAPPE 2

Typ, Aura, Strategie

Die *Typen* im Human Design

Ein Mensch ist mehr als das, was man von ihm sieht.

Dass wir in Menschen nicht hineinschauen können, ist uns allen klar. Doch auch die Außengrenzen des Menschen sind nicht so eindeutig, wie unser Auge sie wahrnimmt. Du hast bestimmt schon einmal erlebt, dass ein Mensch die gesamte Atmosphäre in einem Raum verändern kann – nur durch seine Anwesenheit. Oder du hast gespürt, wie sich dir jemand nähert, ohne dass die andere Person sich schon bemerkbar gemacht hätte. Und findest du nicht auch, dass verschiedene Menschen sich auch verschieden anfühlen? Die einen strahlen eine anziehende Offenheit aus, andere wirken erst mal unnahbar. Manche haben eine durchdringende Art, andere bleiben seltsam ungreifbar. Was hier wahrnehmbar wird (für manche sogar sichtbar), ist die Aura eines Menschen; also jenes Energiefeld, das sich um unseren Körper ausbreitet – und mit anderen Auren in Kontakt tritt.

Jeder Mensch ist anders.

Dein Human Design-Typ verrät dir viel über deine Ausstrahlung. Die deinem Typ zugeordnete Strategie unterstützt dich dabei, deine Energie effizienter einzusetzen und stimmiger mit anderen zu interagieren. Schon dieses Wissen kann dir helfen, Hürden in deinem Leben abzubauen, Beziehungen harmonischer zu gestalten und mehr im Einklang mit dir selbst zu leben. Und das ist erst der Anfang der Reise.

Im Human Design System unterscheiden wir vier Aura-Typen, die du auf den nächsten Seiten näher kennenlernen wirst: Manifestoren, Projektoren, Reflektoren sowie Generatoren inklusive Manifestierende Generatoren.

Auf den nächsten Seiten hast du die Gelegenheit deinen eigenen Human Design-Typ weiter zu erforschen. Wir empfehlen dir, auch die Ausführungen zu den anderen Typen sorgsam zu lesen. Denn dann wird die Unterschiedlichkeit der einzelnen Typen erst wirklich spürbar. Und zudem ist es doch auch ganz interessant zu erfahren, wie andere so ticken, oder?

Im Folgenden kannst du zunächst die einzelnen Human Design-Typen näher kennenlernen, bevor es dann an der Zeit ist, deine innere Autorität zu entdecken.

Du möchtest mehr zur Aura der verschiedenen Typen wissen? Hier geht es zur Podcastfolge:

Generator & MG – Offene Aura

Manifestor – Geschlossene Aura

Projektor – Fokussierte Aura

Reflektor – Abtastende Aura

Die Strategien klingen oft simpel. Sie zu befolgen ist aber manchmal gar nicht so einfach. Wage das Experiment!

Übung:

Versuche dich im Spiel mit der Aura. Experimentiere diese Woche mit deiner „energetischen Hülle" – und erkenne, ob und wie sie mit anderen Auren in Kontakt tritt.

1. *Ab wann spürst du andere in deinem Energiefeld?*

2. *Wie fühlt sich das an?*

3. *Frag doch mal nach: Wann und wie nehmen andere dich wahr?*

Raum für deine Gedanken:

Generatoren

Die Erbauer der Welt. Menschen mit Ausdauer und Arbeitskraft, die die Grundlagen für unser Zusammenleben erschaffen und erhalten.

Liebe Generatoren, eure Power und Ausdauer sind anbetungswürdig!

Schon der Name „Generator“ deutet darauf hin: Bei diesem Typ haben wir es mit produktiven, energetischen Wesen zu tun.

Mit ihrem definierten Sakral-Zentrum verfügen Generatoren über eine zuverlässige Energiequelle. Sie zeichnen sich durch eine hohe Schaffenskraft aus und sind sehr kreativ. Wenn sie für etwas „angesprungen“ sind, können sie mit einer beeindruckenden Ausdauer und Beständigkeit bei der Sache sein.

Manche reden von einer gewissen „Gemütlichkeit der Generatoren“. Und ja, das kennen die Vertreter dieses Typs wahrscheinlich auch von sich selbst. Für manches brauchen sie einfach ein bisschen mehr Zeit als andere. Und das ist genau richtig so. Denn Generatoren gehen die Dinge mit Stetigkeit an. Wenn sie sich im Einklang mit ihrer sakralen Energie engagieren, können sie Angefangenes immer wieder auf ein neues Level bringen und erschaffen so das Fundament für jede Entwicklung. Eben hier liegt die Magie des Typs.

Kennst du das Gefühl, innerlich anzuspringen?

Hast du manchmal so richtig Bock auf etwas?

Fühlst du dich manchmal langsamer als andere?

Geht bei dir gar nichts mehr, wenn du müde bist?

Generatoren haben zudem eine sehr zuverlässige Anzeige für die eigene Leistungsfähigkeit: Müdigkeit. Mit ihrem sakralen Motor tuckern sie so lange weiter, bis der Treibstoff verbraucht ist. Dann hilft nur noch Auftanken, was bedeutet: schlafen. Im Schlaf regeneriert sich der Generator, sodass ihm nach dem Aufwachen wieder die volle Power zur Verfügung steht. Ein müder Generator sollte gar nicht erst versuchen, über seine natürlichen Reserven hinauszugehen und sich künstlich leistungsfähig halten. Er wird auf diese Art nicht weiterkommen, sondern im Gegenteil sich und seinem Körper schaden und dazu noch Frustration ernten. Übrigens gilt auch der Umkehrschluss: Ein Generator, der seine Energie am Tag nicht verbraucht hat, wird nicht so gut abschalten können. Daher gilt: im Zweifelsfall auspowern mit Bewegung, mit Sport – mit etwas, das zum Gefühl innerer Zufriedenheit führt.

Die Aura-Qualität der Generatoren ist offen und anziehend. Sie sind dafür da, auf das Leben zu reagieren und ihre sakrale, ihre heilige Lebensenergie auf eine Art einzusetzen, die ihnen wirklich entspricht, die ihnen Erfüllung bringt. Solange Generatoren das beherzigen und stets ihrer Befriedigung folgen, bleiben sie im Flow und ziehen die Dinge an, die sie im Leben benötigen.

Das Bauchgefühl kann sich ganz verschieden anfühlen, als ein „auf etwas anspringen“, ein „inneres Ja“, ein „Bock auf etwas haben“. Sakrale Kraft äußert sich bei Generatoren auch oft mit entsprechenden verbalen Lauten, die anzeigen, ob die Energie bereit ist oder nicht. Diese positive, körperliche Reaktion auf einen Impuls ist immer ein deutliches Signal dafür, dass ein Generator auf dem richtigen Weg ist. Bleibt der Motor jedoch kalt, darf er sich zurücklehnen und auf einen stimmigen Impuls warten – und der folgt bestimmt. Handelt ein Generator gegen sein Bauchgefühl, kommt die Rechnung meistens in Form von Frust oder dem Gefühl, dass das Leben irgendwie nicht mitspielt.

Dein Weg ist immer der, der dir am meisten Befriedigung bringt. Frust ist dein Signal, dass du auf dem Holzweg bist.

→ **Mehr dazu liest du im Kapitel zu den Autoritäten.**

Warten heißt nicht, passiv und untätig zu sein.

Der Generator in seiner Essenz

Auraqualität:	offen und anziehend
Strategie:	auf das Leben reagieren, wenn der Motor anspringt
Ziel:	etwas leisten, das der eigenen Energie entspricht, Erfüllung
Risiko:	Frustration

→ **Experimentiere** in den nächsten Wochen & Monaten mit deiner Strategie. Du möchtest wissen, wie du als Generator im Business in deine Kraft kommst? Hier erfährst du mehr:

Generator-Sein: Wie erkennst du es?

- definiertes Sakral-Zentrum
- kein Motorzentrum ist mit dem Kehl-Zentrum verbunden

Dos

✓ Folge deiner Bauchstimme.

✓ Erfahre Befriedigung mit dem, was du tust.

✓ Power dich jeden Tag aus – und schlafe, wenn du müde bist!

✓ Nimm dir deine Zeit, behalte dein Tempo.

✓ Wenn du mal nicht genau weißt, was deins ist: Lass dir von anderen Ja-Nein-Fragen stellen.

✓ Sei offen für die Impulse des Lebens.

Don'ts

✗ Lass dir nicht von anderen oder deinem Verstand einreden, was gut oder richtig für dich ist.

✗ Mach nichts, was dir widerstrebt.

✗ Lass dich nicht hetzen.

✗ Halte dich nicht künstlich leistungsfähig.

Meet the Generator

Bekannte Generatoren

Russell Crowe, Orlando Bloom, Lady Gaga, Matt Damon, Gwyneth Paltrow, Céline Dion

Du möchtest wissen, wer in deinem Umfeld ein Generator ist? Anhand der Geburtsdaten kannst du es hier herausfinden.

Generatoren in deinem Umfeld

Logbuch: Selbstexploration für Generatoren

Datum ____________

1. *Wie geht es dir damit, ein Generator zu sein?*

2. *Wie ist es für dich, deine Strategie, „auf das Leben zu reagieren“, wirklich zu befolgen?*

3. **Was könnte dir dabei in deinem Alltag helfen und was könnte dich davon abhalten, deine Strategie zu leben?**

4. **Kennst du das Gefühl der Frustration? Wann steigt es in dir hoch? Versuche dich an Situationen zu erinnern. Was hätte anders laufen sollen?**

5. **Wann fühlst du dich erfüllt?**

Je nach Lust und Laune kannst du nun die anderen Human Design-Typen näher kennenlernen. Oder du springst gleich zum Kapitel über die innere Autorität und erfährst, wie deine Körperweisheit dir hilft, stimmige Entscheidungen zu treffen.

Raum für deine Gedanken:

Raum für deine Gedanken:

Manifestierende Generatoren

33% der Menschen

Multitalente mit viel Energie. Menschen, die eigentlich immer ein Projekt haben – oder auch mehrere. Mitreißend in ihrer Schaffenskraft.

Liebe Manifestierende Generatoren, eure Schaffenskraft ist beeindruckend, eure Energie mitreißend.

Manifestierende Generatoren sind die Macher unter den Generatoren. Sie sind schnell, wendig und ihre Interessen mannigfaltig.

Manifestierende Generatoren und Generatoren sind sich sehr ähnlich. Beide verfügen über eine anziehende Aura und dürfen ihrer sakralen Energie folgen. Neben dem definierten Sakral-Zentrum haben Manifestierende Generatoren auch eine Motorverbindung zur Kehle. Das gibt ihnen eine Extra-Portion Umsetzungskraft.

Sie sind sehr schnell und haben eigentlich immer ein, zwei oder noch mehr Eisen im Feuer. Nach getaner Arbeit sind sie schon auf dem Sprung zur nächsten Aktivität, zum nächsten Hobby, zur nächsten Verabredung. Und das brauchen sie auch: Nicht ausgelastet zu sein oder nicht das eigene Ding machen zu können, bekommt Manifestierenden Generatoren gar nicht gut. Was hilft, ist Bewegung, körperliche wie geistige, bis es genug ist – und das spüren sie genau. Denn ist ein Manifestierender Generator müde, ist er eben müde. Und dann hilft nur noch schlafen, um die Batterien wieder aufzuladen.

Kennst du das Gefühl, innerlich anzuspringen und dabei Gefahr zu laufen, dich selbst zu überholen?

Hast du viele Interessen und springst gerne zwischen ihnen?

Kennst du das Gefühl von losen Enden?

Bist du oft schneller als andere?

Die Aufgabe der Manifestierenden Generatoren ist es, ihre Kraft und Energie so in die Welt zu tragen, dass es ihnen Erfüllung bringt. Sie sollten aber nicht ohne Impuls von außen durchstarten (wie die Manifestoren). Sobald dieser da ist und der sakrale Motor anspringt, dürfen sie ihre mannigfaltigen Ideen, Projekte und Ziele anstoßen und vorantreiben. Mit ihrer Kraft können sie viel bewegen und immer wieder auch andere motivieren. In perfekter Start-up-Manier scheuen sie sich nicht davor Neues zu wagen, sei es ein Hobby, eine Sportart, eine Geschäftsidee.

Sie gehen mutig voran und legen los – manchmal vielleicht ein wenig übereilt. Denn wo andere noch geduldig die Details planen, ist der Manifestierende Generator wahrscheinlich schon längst zur Tür hinaus. Dabei vergisst er dann eventuell das Wichtigste: Zunächst zu prüfen, wohin es überhaupt gehen soll und ob die sakrale Energie angesprungen ist.

Ohne diese Rückversicherung läuft der Manifestierende Generator Gefahr, auf jeden Impuls aufzusatteln, den seine offene, anziehende Aura ihm ins Leben bringt und loszugaloppieren. Er kommt damit sogar ziemlich weit, allerdings nur, um mitten in der Pampa dann plötzlich festzustellen: Mist, hier wollte ich doch gar nicht hin! Warum habe ich das denn jetzt wieder gemacht? Das kann dann ziemlich frustrierend sein – und ihn vielleicht auch wütend machen.

Ein Manifestierender Generator sollte daher immer zunächst in sich hineinhorchen und nur dann auf einen Handlungsimpuls reagieren, wenn die Bauchstimme „Ja" sagt. Denn nur dann steht wirklich sakrale Kraft zur Verfügung. Zeigt sich stattdessen ein „Nein" oder ein inneres Zögern, heißt es aufpassen und abwarten. Denn dann ist entweder der Impuls oder der Zeitpunkt nicht korrekt. „Habe ich dafür wirklich Energie?" ist deshalb für Manifestierende Generatoren eine Schlüsselfrage. Sie hilft, den starken Handlungsdrang im Zaum zu halten und die Energie stimmig einzusetzen. Wenn er sich daran hält, lädt er eine ganz neue Dynamik von Befriedigung und Ausdauer in sein Leben ein. Er wird seine Projekte mit deutlich mehr Kraft angehen – und bestimmt auch häufiger zu Ende bringen.

Frust und Wut sind deine Anzeichen dafür, dass du irgendwo falsch abgebogen sein könntest.

→ **Mehr dazu liest du im Kapitel zu den Autoritäten.**

Auf die Impulse des Lebens zu warten, heißt nicht, passiv und untätig sein zu müssen.

Der Manifestierende Generator in seiner Essenz

Auraqualität: offen und anziehend

Strategie: auf das Leben reagieren, wenn der Motor anspringt

Ziel: etwas leisten, das der eigenen Energie entspricht, Erfüllung

Risiko: Frustration und Wut

→ **Experimentiere** in den nächsten Wochen & Monaten mit deiner Strategie. Du möchtest wissen, wie du als MG im Business in deine Kraft kommst? Hier erfährst du mehr:

Manifestierender Generator-Sein: Wie erkennst du es?

- definiertes Sakral-Zentrum
- mindestens ein Motorzentrum ist mit dem Kehl-Zentrum verbunden

Dos

✓ Folge deiner Bauchstimme.

✓ Sei offen und reagiere auf die Impulse des Lebens.

✓ Frage dich, bevor du etwas anfängst stets, ob du wirklich ein sakrales „Ja“ dafür hast. Oder noch besser: Lass dich von jemand anderem fragen.

✓ Power dich jeden Tag aus – und schlafe, wenn du müde bist.

Don‘ts

✗ Fange niemals Dinge an, die dir widerstreben.

✗ Setz nicht jede deiner Ideen sofort in die Tat um.

✗ Schaffe keine künstlichen Projekte aus dem Verstand heraus á la: „Ich müsste jetzt das und das machen.“

✗ Lege dich nicht auf eine einzige Sache fest, nur weil andere es sagen.

✗ Halte dich nicht künstlich wach, um mehr zu leisten.

Meet the Manifesting Generator

Du möchtest wissen, wer in deinem Umfeld ein MG ist? Anhand der Geburtsdaten kannst du es hier herausfinden.

Bekannte Manifestierende Generatoren

Victoria & David Beckham, Prinz Harry, Miley Cyrus, Angelina Jolie, Mahatma Gandhi, Steffi Graf

Manifestierende Generatoren in deinem Umfeld

Logbuch: Selbstexploration für Manifestierende Generatoren

Datum ____________

1. *Wie geht es dir damit, ein Manifestierender Generator zu sein?*

2. *Wie ist es für dich, deine Strategie „auf das Leben zu reagieren" wirklich zu befolgen?*

3. Was könnte dir dabei in deinem Alltag helfen und was könnte dich davon abhalten, deine Strategie zu leben?

4. Kennst du die Gefühle der Frustration und Wut? Wann steigen sie in dir hoch? Versuch dich an Situationen zu erinnern. Erkennst du Zusammenhänge?

5. Wann fühlst du dich erfüllt?

Je nach Lust und Laune kannst du nun auch die anderen Human Design-Typen näher kennenlernen. Oder du springst direkt zum Kapitel über die innere Autorität und erfährst, wie deine Körperweisheit dir hilft, stimmige Entscheidungen zu treffen.

Raum für deine Gedanken:

Raum für deine Gedanken:

Projektoren

Die mit den Antworten. Feinfühlig und weitsichtig. Koordinationstalente, die anderen helfen können, ihre Energien richtig einzusetzen.

Liebe Projektoren, eure Weitsicht ist unverzichtbar und ein Geschenk für die Menschheit.

Projektoren sehen mehr als andere. Es ist einfach so. Sie erkennen das große Ganze – und sehen auch das, was dahinter liegt.

Diese Gabe macht sie zu geborenen Richtungsweisern. Sie haben ein ganz feines Gespür dafür, wie andere ihre Energie einsetzen und wo Optimierungspotenzial besteht. Da sie sich auf der Bühne des Lebens meistens eher im Halbschatten aufhalten, sind sie für andere nicht immer leicht auszumachen – und fühlen sich andersherum oft nicht gesehen.

Sobald jemand ihr Talent anerkennt, sind sie wunderbare Ratgeber und können andere (und damit sich selbst) sehr effizient zum Erfolg führen. Projektoren möchten stets mit anderen erfolgreich sein. Sie sind begabt darin, Menschen zu koordinieren und die vorhandene Energie optimal in den Fluss zu bringen. Das macht Teams effizient und die Arbeit für alle angenehmer.

Kennst du das Gefühl: Ohne Einladung geht gar nichts?

Spürst du eine innere Abwehr, wenn du dich nicht willkommen fühlst?

Fühlst du dich im Zweierkontakt am wohlsten?

Kannst du die Intensität des Energieaustauschs wahrnehmen?

Gleichzeitig sind Projektoren nicht dafür gemacht, die ganze Zeit zu arbeiten bzw. Leistung zu erbringen. Mit ihrem offenen Sakral-Zentrum fehlt ihnen die energetische Ressource dafür. Nur merken sie das leider selbst oft nicht und laufen nicht selten auf den Motoren ihrer Umgebung mit. Das kann eine ganze Weile gut gehen, doch geliehene Energie ist eben nicht die eigene und so brennen Projektoren von allen Human Design-Typen am schnellsten aus. Irgendwann macht der Körper einfach nicht mehr mit. Daher ist es elementar wichtig für Projektoren, dass sie achtsam mit ihren energetischen Ressourcen umgehen. Egal, was die Leistungsgesellschaft sagt: Projektoren sollten ihre Arbeitszeit reduzieren und regelmäßige Ruhepausen einlegen – auch wenn sie sich noch gar nicht erschöpft fühlen.

Während Projektoren oft fantastisch darin sind, Gruppen zu koordinieren und gemeinsam mit anderen sehr erfolgreich sein können, fühlen sie sich im zwischenmenschlichen Kontakt eher im Eins-zu-Eins zu Hause. Die Erklärung ist ihre fokussierte Aura, die sich ganz und gar auf das Gegenüber richtet. Der Projektor kann gar nicht anders, als diese eine Person in den Fokus zu nehmen. Wenn er dann sozusagen sein Projektor-Licht auf sein Gegenüber richtet, sieht er auch hier mehr als andere: Ein Projektor sieht sein Gegenüber wirklich, erkennt den Menschen im Ganzen. In dieser Aufmerksamkeit kann man sich wunderbar sonnen und dabei einiges über sich selbst erfahren. Und so kann dieses Licht sehr anziehend auf andere wirken – oder aber genau im Gegenteil: Menschen in die Flucht schlagen. Denn nicht jeder möchte ungefragt durchleuchtet und am besten noch beratschlagt werden – egal, wie gut es gemeint ist.

Tipp: Wenn du einen Gedanken unbedingt teilen möchtest, frage dein Gegenüber vorab: Möchtest du wissen, was ich denke?

Viele Projektoren kennen dieses Dilemma nur zu gut: Man lernt einen Menschen gerade erst kennen und weiß schon genau, wo seine Probleme liegen – nämlich auf der Hand. Also platzt der Projektor ungefragt mit einer Lösung raus und erhält verständlicherweise ziemlichen Gegenwind. Oder aber: Er wird schlichtweg übersehen und überhört.

Bitterkeit ist dein Signal dafür, dass du auf dem falschen Weg bist!

Der Schlüssel zum Erfolg ist: auf die Einladung warten. Ein Projektor kann seine wertvolle Sichtweise nur weitergeben, wenn er zuvor dafür anerkannt und eingeladen wird, sein Wissen zu teilen. Alles andere führt zu nichts als Ablehnung und daraus resultierend zu: Verbitterung. Das Warten auf die Anerkennung ist natürlich eine große Herausforderung. Doch sobald ein Projektor sich auf diese Strategie einlässt und aufhört, sich ungefragt einzumischen, kann seine Aura sich entfalten. Mehr und mehr Einladungen treffen ein. Das können Freunde sein, die um Rat bitten, Gelegenheiten im Beruf oder neue Kontakte im Privatleben. Der Projektor fühlt sich anerkannt und kann zu einer Bereicherung für die Menschen in seinem Umfeld werden.

Aber: Nicht jede Einladung ist richtig für den Projektor. Entscheidend ist hier das „Ja" der inneren Autorität.

→ **Mehr dazu liest du im Kapitel zu den Autoritäten.**

Einladungen abzuwarten heißt nicht, jede Einladung annehmen zu müssen.

Der Projektor in seiner Essenz

Auraqualität:	fokussiert
Strategie:	auf Anerkennung und Einladung warten
Ziel:	zusammen mit anderen erfolgreich sein (Koordination)
Risiko:	Einmischung, Verbitterung

→ **Experimentiere** in den nächsten Wochen & Monaten mit deiner Strategie. Du möchtest wissen, wie du als Projektor im Business in deine Kraft kommst? Hier erfährst du mehr:

Projektor sein: Wie erkennst du es?

- offenes Sakral-Zentrum
- kein Motorzentrum ist mit dem Kehl-Zentrum verbunden

Dos

✓ Warte darauf, dass dein Gegenüber dich erkennt.

✓ Teile dein Wissen nur, wenn du dazu eingeladen bist.

✓ Vertrau darauf, dass die richtigen Einladungen kommen.

✓ Arbeite smarter, nicht härter.

✓ Nimm dir genug Ruhepausen.

✓ Gehe schlafen, bevor du müde bist.

✓ Schlafe öfter mal alleine, um mehr bei dir selbst zu bleiben.

✓ Du siehst mehr als andere, vergiss das nicht. Nicht jeder kann sehen, was du siehst.

Don'ts

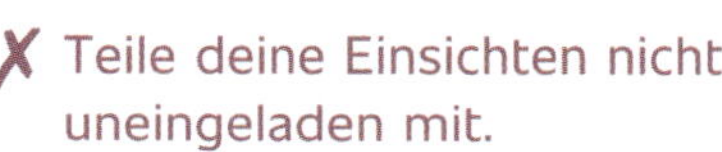

✗ Teile deine Einsichten nicht uneingeladen mit.

✗ Mische dich nicht überall ein.

✗ Versuche nicht, die Aufmerksamkeit anderer zu erregen.

✗ Arbeite nicht pausenlos.

✗ Verwechsele die Energie der anderen nicht mir deiner eigenen.

✗ Vergiss nicht, nach den intensiven Kontakten zu dir selbst zurückzukommen.

Meet the Projector

Bekannte Projektoren

Barack Obama, Robbie Williams, George Clooney, Queen Elisabeth II., Chris Martin , Brad Pitt,

Du möchtest wissen, wer in deinem Umfeld ein Projektor ist? Anhand der Geburtsdaten kannst du es hier herausfinden.

Projektoren in deinem Umfeld

Logbuch: Selbstexploration für Projektoren

Datum ____________

1. *Wie geht es dir damit, ein Projektor zu sein?*

2. *Wie ist es für dich, deine Strategie „auf Einladung zu warten" wirklich zu befolgen?*

3. Was könnte dir dabei in deinem Alltag helfen und was könnte dich davon abhalten, deine Strategie zu leben?

4. Kennst du das Gefühl der Verbitterung? Wann steigt es in dir auf? Versuch dich an Situationen zu erinnern. Was hättest du anders machen können?

5. Wann fühlst du dich erfolgreich?

Fühl dich eingeladen, nun auch die anderen Human Design-Typen näher kennenzulernen. Oder du springst direkt zum Kapitel über die innere Autorität und erfährst, wie deine Körperweisheit dir hilft, stimmige Entscheidungen zu treffen.

Raum für deine Gedanken:

Raum für deine Gedanken:

Manifestoren

Die einzigen Menschen, die unabhängig von anderen Dinge in Bewegung bringen sollten. Echte Macher.

Liebe Manifestoren, ihr seid wirklich zu beneiden. Einfach loslegen zu dürfen, das wollen wir doch alle gern! Übrigens war Ra Uru Hu – der Überlieferer des Human Design Systems – auch ein Manifestor.

Manifestoren sind wirklich besonders. Ihnen ist eine erstaunliche Unabhängigkeit in die Wiege gelegt, was mit ihrer geschlossenen Aura zusammenhängt.

Manifestoren sind sehr unabhängig, geschützt durch ein starkes Energiefeld, das nach außen wirkt, aber für andere undurchdringlich ist. Diese Kraft und das Abgegrenzt-Sein sind spürbar. Einem Manifestor rennt man nicht einfach das Haus ein, man klopft zunächst an. Manche werden sagen, sie wirken eigensinnig und unnahbar – da mag etwas dran sein: Manifestoren wollen nämlich meistens einfach friedlich ihr Ding machen. Und genau dafür sind sie auch hier: um unbeirrt ihren Weg zu gehen, ihre inneren Impulse umzusetzen und ihre besondere Wirkung auf andere zu entfalten.

Mit ihrer direkten Motorverbindung zur Kehle haben sie die Möglichkeit, ihre Energie direkt ins Außen zu bringen, d. h. sie kraftvoll zu manifestieren. Das macht diese Menschen potenziell sehr einflussreich. Die anderen können gar nicht anders, als ihnen Aufmerksamkeit zu schenken.

Kennst du das Gefühl, einfach nur in Frieden dein Ding machen zu wollen?

Wirst du wütend, wenn sich dir jemand in den Weg stellt?

Hast du schon einmal wahrgenommen, dass du einen speziellen Einfluss auf andere hast?

Als einzige Menschengruppe sollten die Manifestoren unabhängig von der Erlaubnis, Einladung oder dem Impuls anderer durchstarten – was sie in der Regel auch tun. Nicht selten zeigen Manifestoren schon im Kleinkindalter eine erstaunliche Unabhängigkeit: Sie stürmen los, erobern den Spielplatz und setzen ihre Ideen um. Rat und Tat von Mama und Papa braucht es da nicht wirklich. Auch erwachsene Manifestoren findet man gerne an der vordersten Linie neuer Entwicklungen. Sie ebnen den Weg, sie preschen voran und finden dafür in kürzester Zeit auch noch die richtige energetische Unterstützung – vorausgesetzt (und das ist wichtig), sie informieren ihr Umfeld im Vorhinein.

Ganz nach dem Motto „Kommunikation ist alles“ müssen Manifestoren andere zwar nicht um Erlaubnis bitten, sollten sie aber unbedingt auf dem Laufenden halten. Versäumen sie diesen wichtigen Schritt, treten Widerstände auf. Und das kann unangenehm werden: für die Manifestoren selbst wie für alle anderen.

Denn, wenn Manifestoren ihren Weg nicht gehen können, wenn sie aufgehalten werden und ihre Wirkung nicht entfalten können, ist es wahrscheinlich, dass sie richtig sauer werden. Das größte Risiko für einen Manifestor, der seine Strategie nicht lebt und daher seine Energie nicht korrekt einsetzen kann, ist die Empfindung von Zorn und Wut.

Wut ist dein Signal dafür, dass du auf dem falschen Weg bist!

Wichtig ist zudem, dass ein Manifestor stets die richtigen Dinge initiiert. Der Wegweiser ist hier die **innere Autorität**.

→ **Mehr dazu liest du im Kapitel zu den Autoritäten.**

Informieren heißt nicht, um Erlaubnis zu bitten.

Der Manifestor in seiner Essenz

Auraqualität:	geschlossen
Strategie:	erst informieren, dann initiieren
Ziel:	das Eigene durchsetzen, eine Wirkung erzielen, in Frieden leben
Risiko:	Zorn, Wut

→ **Experimentiere** in den nächsten Wochen & Monaten mit deiner Strategie. Du möchtest wissen, wie du als Manifestor im Business in deine Kraft kommst? Hier erfährst du mehr:

Manifestor-Sein: Wie erkennst du es?

- offenes Sakral-Zentrum
- mindestens ein Motorzentrum ist mit dem Kehl-Zentrum verbunden

Dos

✓ Respektiere deine innere Autorität.

✓ Mach dein Ding und vertraue auf deine Wirkung.

✓ Bringe deine Wahrheit hinaus in die Welt und setze deine Ziele um.

✓ Informiere deine Umgebung über deine Pläne.

Don'ts

✗ Halte dich nicht künstlich zurück.

✗ Unternimm keine Alleingänge, ohne dein Umfeld zu informieren.

✗ Lass deine Wut nicht die Führung übernehmen.

✗ Setz deine Power nicht für deine Verstandesziele ein.

Meet the Manifestor

Bekannte Manifestoren

Adèle, Ra, Frida Kahlo, Jennifer Aniston, Tom Cruise, Al Pacino, Jack Nicholson

Du möchtest wissen, wer in deinem Umfeld ein Manifestor ist? Anhand der Geburtsdaten kannst du es hier herausfinden.

Manifestoren in deinem Umfeld

Logbuch: Selbstexploration für Manifestoren

Datum ____________

1. *Wie geht es dir damit, ein Manifestor zu sein?*

2. *Wie ist es für dich, deine Strategie „andere zu informieren" wirklich zu befolgen?*

3. Was könnte dir dabei in deinem Alltag helfen und was könnte dich davon abhalten, deine Strategie zu leben?

4. Kennst du die Gefühle Wut und Zorn? Wann steigen sie in dir hoch? Versuch dich an Situationen zu erinnern. Hätte es geholfen, andere zu informieren?

5. Wann fühlst du dich im Frieden?

Wenn du magst, kannst du nun direkt zum Kapitel über die innere Autorität springen. Dort erfährst du, wie deine Körperweisheit dir hilft, stimmige Entscheidungen zu treffen. Ich empfehle dir aber, danach noch einmal zurückzukommen und auch die anderen Human Design-Typen näher kennenzulernen.

Raum für deine Gedanken:

Raum für deine Gedanken:

Reflektoren

2%
der
Menschen

Die Einhörner unter den Typen. Lunare Wesen und weise Beobachter des Lebens, die ihre Umwelt widerspiegeln und dabei selbst oft un(be)greifbar bleiben.

Liebe Reflektoren, eure Offenheit und eure Wahrnehmungsfähigkeit verbindet euch nicht nur mit der Energie anderer Menschen, sondern mit der des gesamten Universums und machen euch zu den weisesten Menschen auf diesem Planeten.

Reflektoren sind außergewöhnlich – echte Raritäten. Nur zwei Prozent der Menschen gehören diesem Menschentyp an.

Einen Reflektor zeichnet aus, dass er keine definierten Zentren besitzt, also keine Festlegungen im Chart. Dafür sind die Aktivierungen seiner Tore umso wichtiger. Für ihn ist das kosmische Geschehen also besonders entscheidend.

Die Planeten auf ihren Umlaufbahnen aktivieren und deaktivieren ständig Tore in all unseren Designs. Aber nur Reflektoren spüren diese Effekte wirklich. Kein anderer Human Design-Typ reagiert so intensiv auf die Bewegung der Planeten insbesondere die des Mondes. Der Transit oder das kosmische Wetter, wie wir es nennen, lässt für den Reflektor immer wieder neue energetische Konstellationen im eigenen Leben spürbar werden.

Hast Du das Gefühl, jeden Tag jemand anderes zu sein?

Nimmst du starke Energieschwankungen in dir wahr?

In deiner Aura verstärken sich die Eigenschaften anderer – kannst du das wahrnehmen?

Während Reflektoren sehr sensibel für das kosmische Wetter, den sogenannten Transit, sind, schützt ihre resistente und abtastende Aura sie vor dem Eindringen der Energie anderer Menschen in ihr System. Sie ist dicht, widerstandsfähig und undurchlässig. Das macht Reflektoren unabhängig und ungreifbar zugleich. Denn während der Reflektor über seine Aura ein genaues Bild des Gegenübers erlangt, sieht der andere vor allem einen Abdruck seiner Selbst – eine Reflexion. Ein Reflektor hält seinen Mitmenschen also immer den Spiegel vor. Das kann sehr herausfordernd sein. Denn erstens sind in diesem Abbild natürlich nicht nur die schönen Seiten eines Menschen zu sehen. Je weniger im Einklang ein Mensch mit sich ist, desto weniger wird er sein gespiegeltes Selbst mögen. Zweitens kommt verstärkend hinzu, dass natürlich kaum jemand versteht, was da passiert, meistens noch nicht einmal der Reflektor selbst. Und so fragt er sich: Warum reagieren die Menschen so auf mich? Was ist denn bloß mit mir? Und auch: Warum sieht mich niemand? Wer bin ich überhaupt?

Du möchtest wissen, was der Transit ist und wie er dein Chart beeinflusst? Dann gelangst du hier zur Podcastfolge.

Die Antwort ist so einfach wie komplex: Für den Reflektor gibt es nicht die eine Art zu sein. Er ist in seinem Selbst nicht festgelegt, sondern befindet sich in einem dynamischen Prozess. Das zu erkennen und anzuerkennen ist eine große Herausforderung – gerade in unserer heutigen Gesellschaft und ihrem Druck, jemand Bestimmtes sein zu müssen, sich entscheiden und festlegen zu müssen. Reflektoren dürfen, sollen und können (dank ihrer Aura) hier standhalten! Denn ihre Magie, ihr großes Weisheitspotenzial, liegt nun einmal in ihrer Wandelbarkeit. Indem sie alles leben dürfen, können sie über die Zeit einen objektiven Standpunkt einnehmen.

Enttäuschung ist dein Signal dafür, dass du auf dem falschen Weg bist!

Deinem eigenen Rhythmus zu folgen ist kein statischer, sondern ein dynamischer Prozess.

Der Reflektor in seiner Essenz

Auraqualität: prüfend, reflektierend

Strategie: ausreichend Zeit nehmen vor Entscheidungen – den Mondzyklus durchlaufen (28 Tage)

Ziel: im Einklang leben und andere in Einklang bringen

Risiko: Enttäuschung

Du erkennst dein Gegenüber daran, wer du in seiner Umgebung bist. Ist dein Gegenüber positiv, motiviert und glücklich, so wirst du dies widerspiegeln. Ist dein Gegenüber negativ, korrupt oder manipulativ, erkennst du auch das in dir.

Ein Reflektor, der sein Human Design noch nicht kennt, glaubt wahrscheinlich, jemand ganz anderes zu sein, nämlich: derjenige, den andere in ihm sehen (ein Mensch, der so ist wie sie). Damit lebt es sich meistens auch ganz gut. Nur wirklicher Einklang, der stellt sich einfach nicht ein. Im Gegenteil: Der Reflektor wird immer wieder enttäuscht sein – von sich selbst, vom Leben, von anderen. Und solange er als Reflektor ein „blinder" Spiegel bleibt, bleibt auch sein innerstes Bedürfnis unerfüllt, nämlich: im Einklang zu leben und andere in Einklang zu bringen.

Reflektoren spiegeln die Gemeinschaft und die Gesundheit der Gemeinschaft wider. Daher ist es für sie extrem wichtig, wo und mit wem sie leben und arbeiten. Wenn ihr Umfeld positiv und unterstützend ist, können sie sich entfalten und im Einklang leben. In der falschen Gesellschaft hingegen kann das Leben für den Reflektor sehr enttäuschend sein.

Selbsterkenntnis ist für den Reflektor daher sehr entscheidend. Nur wenn er sich selbst für das sieht, was er wirklich ist, kann er sein Weisheitspotenzial entfalten. Dann kann ein Reflektor zum objektiven Spiegel einer Gesellschaft werden. Als weise Ratgeber wissen sie, wann eine Gemeinschaft richtig funktioniert und wann nicht. Am Anfang der Reise ist es für einen Reflektor daher sehr wichtig, sich auf sich selbst zu konzentrieren: Zeit alleine zu verbringen. Achtsam mit sich zu sein – und sich so neu zu entdecken.

Lass dich nicht zu voreiligen Entscheidungen drängen. Das Warten ist gesund für dich.

Da Reflektoren so wandelbar sind, brauchen sie Zeit, um ins korrekte Handeln zu kommen. Während Manifestoren informieren und Projektoren auf die Einladung warten müssen, benötigen Reflektoren Zeit zu reflektieren. Unterstützung erhalten sie dabei durch den Mond. Während der innerhalb von 28 Tagen alle Tore des „Rave Mandalas“ einmal aktiviert, bekommt der Reflektor alle Qualitäten seines Charts einmal zu spüren und erlangt so ein Gefühl dafür, was für ihn richtig ist und was nicht.

Wichtig ist: Das ist kein bewusster Prozess! Ein Reflektor muss also nicht ungeduldig warten, sich gar Termine notieren und dann genau 28 Tage warten, bevor er ein Thema angeht. Er kann gewiss sein: Die Themen tauchen zu gegebener Zeit einfach wieder auf. Da gibt es dann keine Unsicherheit mehr. Bei wichtigen Themen gilt also: Nichts forcieren. Entspannen. Abwarten.

Übrigens: Ohne definierte Zentren haben Reflektoren natürlich auch keine innere Autorität. Auch hier sind sie auf den Mond angewiesen und sollten 28 Tage warten, bevor sie eine Entscheidung fällen.

→ **Mehr dazu liest du im Kapitel zu den Autoritäten.**

→ **Experimentiere** in den nächsten Wochen & Monaten mit deiner Strategie. Du möchtest wissen, wie du als Reflektor im Business in deine Kraft kommst? Hier erfährst du mehr:

Beobachtung des Mondzyklus

Datum

Mondphase

heutiges Tor im Mond

Welcher Typ „bin" ich heute energetisch?

Wie fühle ich mich?

Welche Themen stehen an?

Weitere Beobachtungen

Meine Notiz zum Transit:
Wie fühlt sich der Transit an?

Meine Aktivierungen
(Zentren, Kanäle)

Beobachtung des Mondzyklus

Datum

Mondphase

heutiges Tor im Mond

Welcher Typ „bin" ich heute energetisch?

Meine Notiz zum Transit:
Wie fühlt sich der Transit an?

Wie fühle ich mich?

Welche Themen stehen an?

Meine Aktivierungen (Zentren, Kanäle)

Weitere Beobachtungen

Diese Seiten sind als Vorlage für ein Mondzyklustagebuch gedacht und werden im Podcast erklärt. Du findest sie auch hinten im Buch als Kopiervorlage.

Reflektor-Sein: Wie erkennst du es?

- keine definierten Zentren
- Das bedeutet auch: keine Polarität zwischen offen und festgelegt

Dos

✓ Nimm dir genug Alleinzeit, um für dich selbst zu reflektieren.

✓ Achte auf die richtige Umgebung und die richtige Gemeinschaft.

✓ Nutze deine objektive Beobachtungsgabe und dein Potenzial die Wahrheit zu erkennen.

✓ Nutze dein dynamisches Sein, um Weisheit zu sammeln.

✓ Erkenne die Schönheit in deiner Andersartigkeit und vertraue deinem Mondzyklus.

Don'ts

✗ Vermeide es dem gesellschaftlichen Druck oder dem Druck anderer nachzugeben.

✗ Lass dich nicht von deinem Bedürfnis nach Aufmerksamkeit leiten.

✗ Lass dich nicht von den Energien anderer überwältigen.

✗ Lass dich nicht von anderen zu Entscheidungen drängen, egal, was sie sagen.

✗ Eifere nicht einer festen Seinsart nach – genieße deine Offenheit und Flexibilität.

Meet the Reflector

Bekannte Reflektoren

Sandra Bullock, Jürgen Klinsmann

Du möchtest wissen, wer in deinem Umfeld ein Reflektor ist? Anhand der Geburtsdaten kannst du es hier herausfinden.

Reflektoren in deinem Umfeld

Logbuch: Selbstexploration für Reflektoren

Datum ___________

1. *Wie geht es dir damit, ein Reflektor zu sein?*

2. *Wie ist es für dich, deine Strategie „28 Tage zu warten“ wirklich zu befolgen?*

3. Was könnte dir dabei in deinem Alltag helfen und was könnte dich davon abhalten, deine Strategie zu leben?

4. Kennst du das Gefühl der Enttäuschung? Wann steigt es in dir auf? Versuche dich an Situationen zu erinnern. Was hätte geholfen?

5. Wann fühlst du dich im Einklang?

Freu dich nun auf das Kapitel über die innere Autorität. Hier erfährst du mehr darüber, welche Körperweisheiten es gibt und was dich als Reflektor so besonders macht. Falls noch nicht geschehen, empfehle ich dir auch die anderen Human Design-Typen näher kennenzulernen.

Raum für deine Gedanken:

Raum für deine Gedanken:

ETAPPE 3

Die Autorität

Wie triffst du *Entscheidungen?*

Schreibst du Vor- und Nachteile auf? Grübelst du tagelang herum oder diskutierst du deine nächsten Schritte mit jedem, der sich anbietet? Da bist du nicht allein – und dennoch ziemlich auf dem Holzweg. Denn nicht unser Kopf ist die richtige Instanz in der Entscheidungsfindung – es ist unser Körper.

Die meisten von uns haben schon als Kinder gelernt, dass Entscheidungen vor allem eines sein sollen: vernünftig, was so viel heißt wie: vom Verstand fein säuberlich abgewägt und argumentativ verpackt. Dass das nicht gerade einfach ist, wissen wir wohl alle. Denn wer hat sich noch nie mit (Lebens-)Fragen herumgequält, die nach einer Entscheidung verlangten, die unser Kopf einfach nicht treffen wollte? Oder andersherum: Wer hat nicht schon einmal rein rationale Entscheidungen gefällt, nur um dann zu merken: Das passt alles vorne und hinten nicht? Vielleicht reagierte dein Körper mit den sprichwörtlichen Bauchschmerzen, vielleicht kamst du einfach nicht mehr voran, fühltest dich wie gelähmt und zweifeltest an dir selbst, deiner Tatkraft, deinen Talenten.

Dabei waren die Anzeichen eigentlich klar: Du bist irgendwo falsch abgebogen – und deshalb geht es nun nicht mehr wirklich weiter. Wäre es nicht wundervoll, diese Erkenntnis zu nutzen, umzudrehen, wieder den richtigen Weg einzuschlagen und diesen fortan immer seltener zu verlassen?

Mit dem Konzept der inneren Autorität eröffnet uns das Human Design System die Möglichkeit, genau das zu erreichen. Es erinnert uns an unsere Körperweisheit, unsere innere Stimme, die uns hilft, auf ganz natürliche Art und Weise die richtigen Entscheidungen für unseren Lebensweg zu treffen. Wir dürfen also wieder lernen, auf unseren Körper zu hören: auf unser Bauchgefühl, unsere Intuition, unser Herz, unser Selbst ...

Die innere Autorität ist unsere ureigene Körperweisheit, die uns den richtigen Weg zeigt. Folgen wir ihr, geht vieles leichter von der Hand. Innere Widerstände lösen sich auf. Unser Leben kommt mehr und mehr in den Fluss.

Mögliche Orte der Entscheidungsfindung

Es gibt verschiedene Arten der inneren Autorität. Je nachdem, wo sie im Körper verortet ist, spricht sie anders mit uns – gibt andere Signale, Impulse, folgt anderen Rhythmen. Um sie zu verstehen ist es wichtig, dass wir uns intensiv mit unserer eigenen inneren Autorität befassen und lernen, sie zu verstehen. Neben dem Human Design-Typ ist sie der zweite entscheidende Faktor, über den wir unser Human Design leben und unsere Energie optimal entfalten können.

Wo deine innere Autorität sitzt, kannst du ganz einfach in deiner Körpergrafik ablesen.

Im Folgenden schauen wir genauer auf diese Orte der Entscheidungsfindung in unserem Körper. Vorher aber gehen wir kurz in die Praxis und verlegen den Fokus vom Verstand auf die körperliche Perspektive. Es geht ums Fühlen, darum, den Körper wirklich wahrzunehmen. Denn genau das müssen wir als die Kopfmenschen, die wir sind, üben.

Übung:

Setze dich aufrecht hin, atme tief in den Bauch und versuche deinen Herzschlag zu spüren. Wie lange brauchst du, um das Klopfen wirklich zu fühlen? Kannst du in Verbindung gehen, dich ganz auf ihn einlassen?

Diese Verbindung nennt man „körperliche Bewusstheit" – und eben diese ist der erste Schritt, deine innere Autorität zu erkennen. Denn indem du deine körperliche Bewusstheit schulst, lernst du auch auf deinen Körper zu hören.

Die Autoritäten im Überblick

Im Human Design ist die Autorität dein Navigationssystem, das dich bei wichtigen Entscheidungen in die für dich richtige Richtung führt. Auf deinem Chart siehst du, worauf du vertrauen darfst. Aus dem Verstand rauszukommen ist oft gar nicht so einfach, deshalb fang mit kleinen Situationen an und probiere aus, was sich dadruch verändert.

Funktionsweise der inneren Autoritäten

Du möchtest deine Autorität noch mal nachschauen? Dann geht es hier zum Chartrechner

Bei den inneren Autoritäten gibt es fünf Möglichkeiten, die infrage kommen können. Welche ist deine?

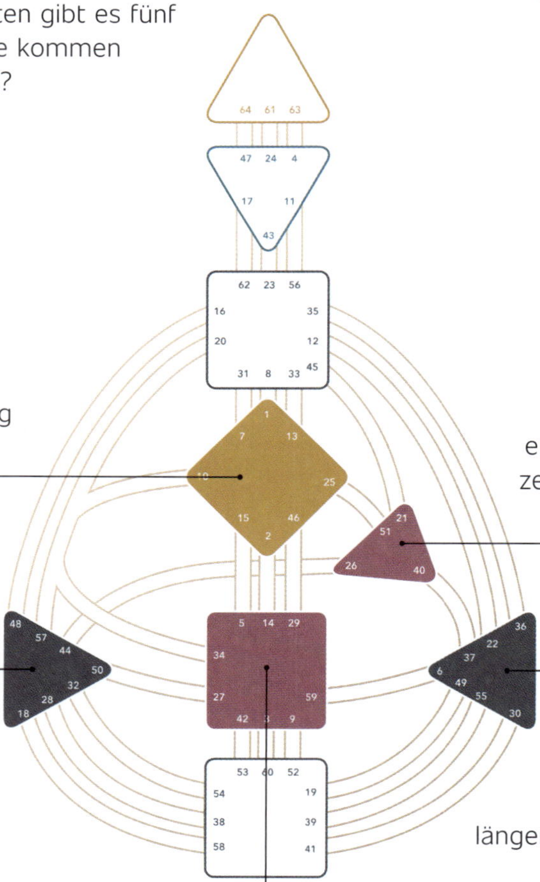

G-Zentrum – Identität
Deine Entscheidungen müssen deiner Richtung entsprechen.

Ego – Willenskraft
Deine Entscheidungen entsprechen deiner Herzensenergie und müssen sich für dich lohnen.

Milz – Intuition
Deine Entscheidungen triffst du intuitiv im Hier und Jetzt.

Solarplexus – Emotionen
Deine Entscheidungen müssen sich über eine längere Zeit richtig anfühlen.

Sakral – Energie
Deine Entscheidungen triffst du aus der Reaktion heraus, wenn deine Bauchstimme „Ja" dazu sagt.

Sonderfälle:

Es kann sein, dass du zu den wenigen Menschen gehörst, die über keine innere Autorität verfügen. Dies ist der Fall, wenn dein Human Design-Typ der des mentalen Projektors oder Reflektors ist.

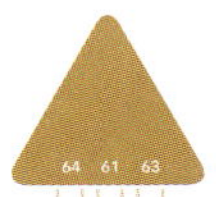

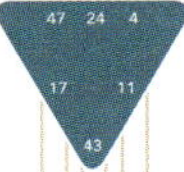

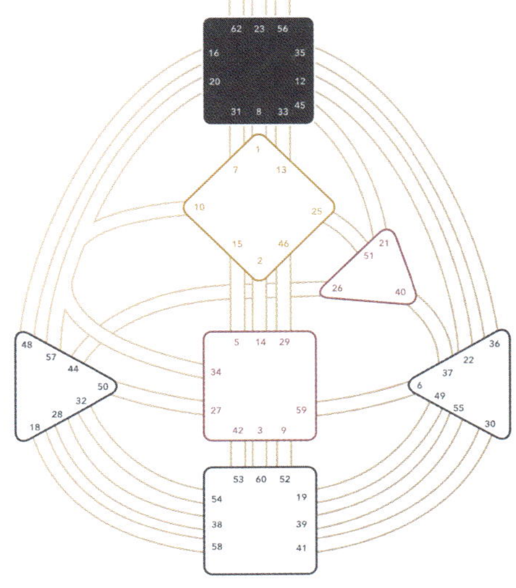

Funktionsweise der Umgebungsautorität

Umgebung
Besprich deine Entscheidungen mit unterschiedlichen Menschen und höre dir zu.

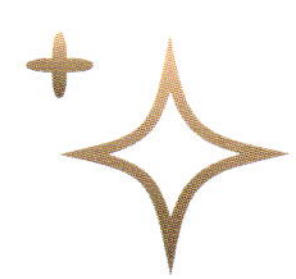

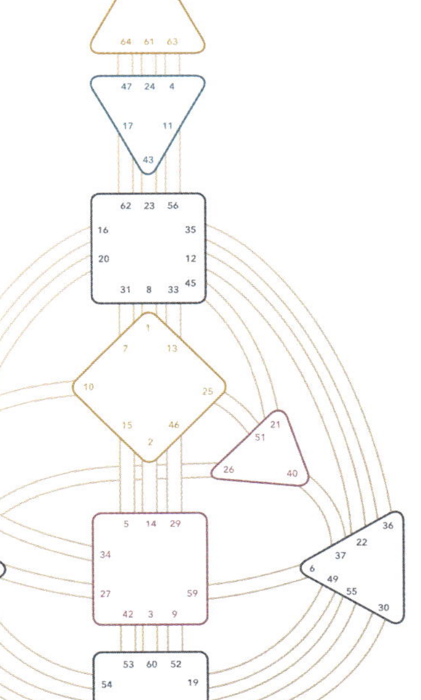

Funktionsweise der Mondautorität

Mond
Warte bei wichtigen Entscheidungen einen Mondzyklus lang ab.

Übung:

Deiner Autorität zu folgen bedeutet für die meisten von uns nicht mit dem Verstand zu entscheiden, sondern auf die individuelle energetische Antwort zu achten. Oft wird sie gerade am Anfang anders ausfallen, als dein Verstand es gewohnt ist. Magst du es mal ausprobieren? Wie ist das für dich? In welchen Situationen fällt es dir besonders auf?

Das *Emotional*-Zentrum als *innere Autorität*: Es gibt keine Wahrheit im Jetzt

47 % der Menschen

Wann ist dein Emotional-Zentrum die innere Autorität?

✓ *Emotional-Zentrum definiert*

Wenn dein Emotional-Zentrum definiert ist, ist es automatisch auch deine innere Autorität. Das bedeutet: Entscheidungen müssen sich für dich richtig *anfühlen* – und zwar über die Dauer deiner emotionalen Welle hinweg. Da deine jeweilige Stimmung deinen Blick auf die Welt stark beeinflusst, ist es wichtig, dass du nicht einfach aus einer Laune heraus entscheidest. Nimm dir stattdessen stets die Zeit, die Frage von den verschiedenen Standpunkten deiner emotionalen Welle aus zu betrachten – und zwar so lange, bis sich die Antwort für dich stabil und sicher anfühlt. Dabei musst und wirst du nie eine 100-prozentige Sicherheit erreichen, das sei angemerkt. Aber das ist auch nicht nötig. Denn, wenn du dich im Wahrnehmen deiner Gefühlsantworten übst, wirst du genau spüren, wann die Entscheidung „reif" ist.

Das richtige Gefühl kann sich nur über einen gewissen Zeitablauf einstellen. Lasse dich daher niemals zu einer Entscheidung drängen. Nimm dir stets die Zeit, so lange in dich hineinzufühlen bis du eine für dich stimmige Antwort gefunden hast.

→ **Mehr dazu erfährst du ab Seite 142.**

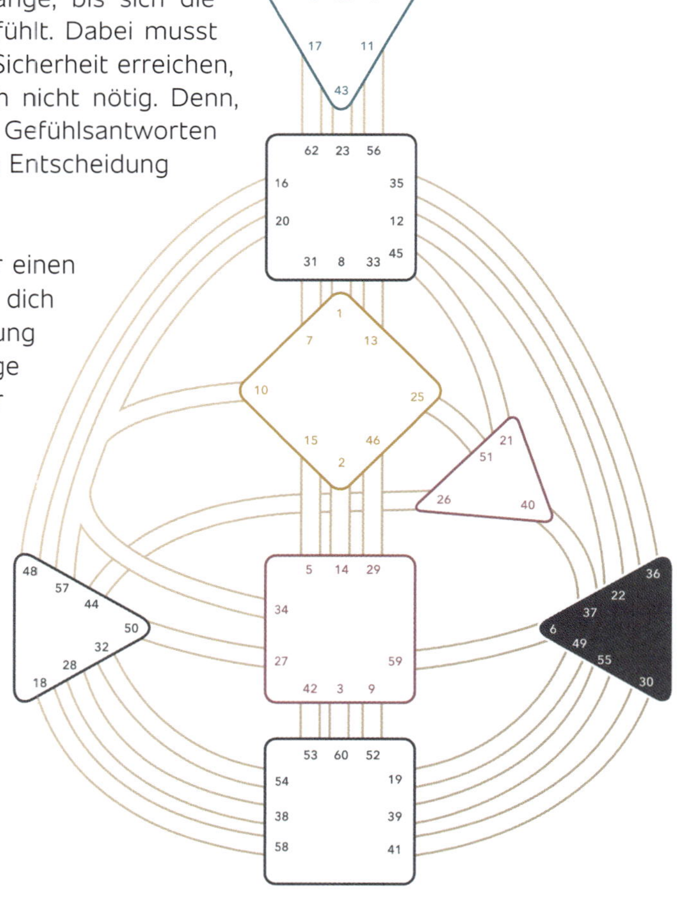

Das *Sakral*-Zentrum als *innere Autorität*: Folge deiner sakralen Kraft

35 %
der
Menschen

Wann ist dein Sakral-Zentrum die innere Autorität?

✓ *Emotional-Zentrum offen*

✓ *Sakral-Zentrum definiert*

Deine anziehende Aura bringt Impulse in dein Leben, die eine energetische Resonanz in dir auslösen. Sobald für dich stimmige Möglichkeiten erscheinen, sagt dein Körper gewissermaßen: „Ja, dafür habe ich Energie." Wahrnehmbar ist diese Körperreaktion als Gefühl eines Anspringens, als Hin-zu-Bewegung, als Kribbeln, als energiereiches Bauchgefühl, als inneres Ja, als Lust oder „Bock" auf etwas. Da ist die sakrale Autorität eindeutig. Nur wenn dieses Gefühl da ist, ist es dein Weg. Spürst du ein „Nein", zögerst du oder kreist in Gedanken um eine Entscheidung herum, bedeutet das: Nein! Zumindest für diesen Moment.

Du darfst im Leben also deiner sakralen Kraft folgen – sie weist dir sicher und beständig den Weg. Hört sich wunderbar an, oder? Das ist es auch. Gleichzeitig ist es in unserer Welt natürlich nicht ganz einfach, nur nach der eigenen Energetik zu leben. Dennoch ist es möglich, sich immer stärker dorthin zu orientieren. Probiere es aus. Du wirst feststellen, wie viel müheloser dir die Dinge von der Hand gehen, du besser dranbleiben kannst und sich plötzlich so einiges, wie selbstverständlich fügt.

→ **Mehr dazu erfährst du ab Seite 102.**

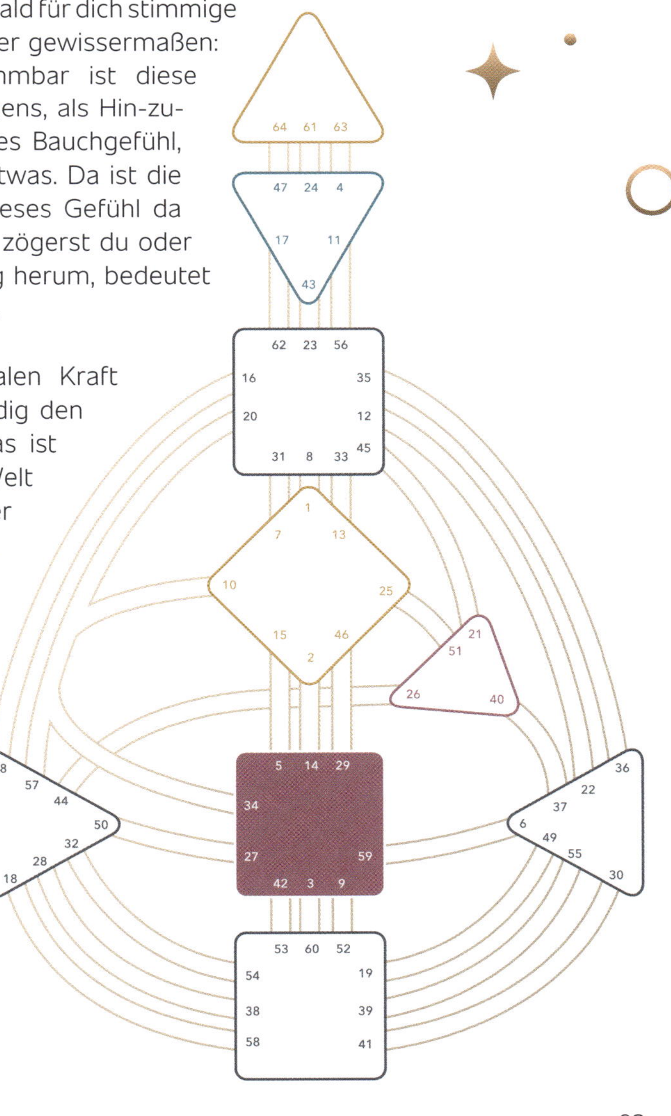

Das *Milz*-Zentrum als *innere Autorität*: Spontanes Wissen im Moment

Wann ist dein Milz-Zentrum die innere Autorität?

✓ *Emotional-Zentrum offen*
✓ *Sakral-Zentrum offen*
✓ *Milz-Zentrum definiert*

Ist das Milz-Zentrum deine innere Autorität, lautet deine Aufgabe: Achtsamkeit üben. Denn die Milz-Autorität äußert sich nur ganz leise, über kleine, feine Körperimpulse. Das kann ein kurzes Kribbeln, eine Gänsehaut, ein plötzlich auftretendes gutes oder schlechtes Gefühl sein. Wichtig ist es für dich zu lernen, diese kleinen Milz-Impulse im entscheidenden Augenblick wahrzunehmen. Denn die Milz meldet sich meistens nur einmal.

Die Milz stellt ihre Weisheit stets als unvermittelt eintretendes, innerliches Wissen im Hier und Jetzt zur Verfügung. Was gut für dich ist, weißt du stets im Moment der Entscheidung. Vorher kannst du es noch nicht wissen. Daher ist es für dich auch so wichtig, dir zu erlauben, so oft wie möglich spontan, aus dem Moment heraus zu entscheiden – auch wenn das für andere manchmal unverständlich wirkt und du Pläne umwerfen musst.

Es bringt nichts Entscheidungen mental herbeiführen zu wollen oder zu hinterfragen – im Gegenteil: Sobald du in Gedankenkreisen gefangen bist, ist das ein Signal für den Holzweg. Was für dich stimmig ist, erkennst du im Jetzt. Du weißt es einfach.

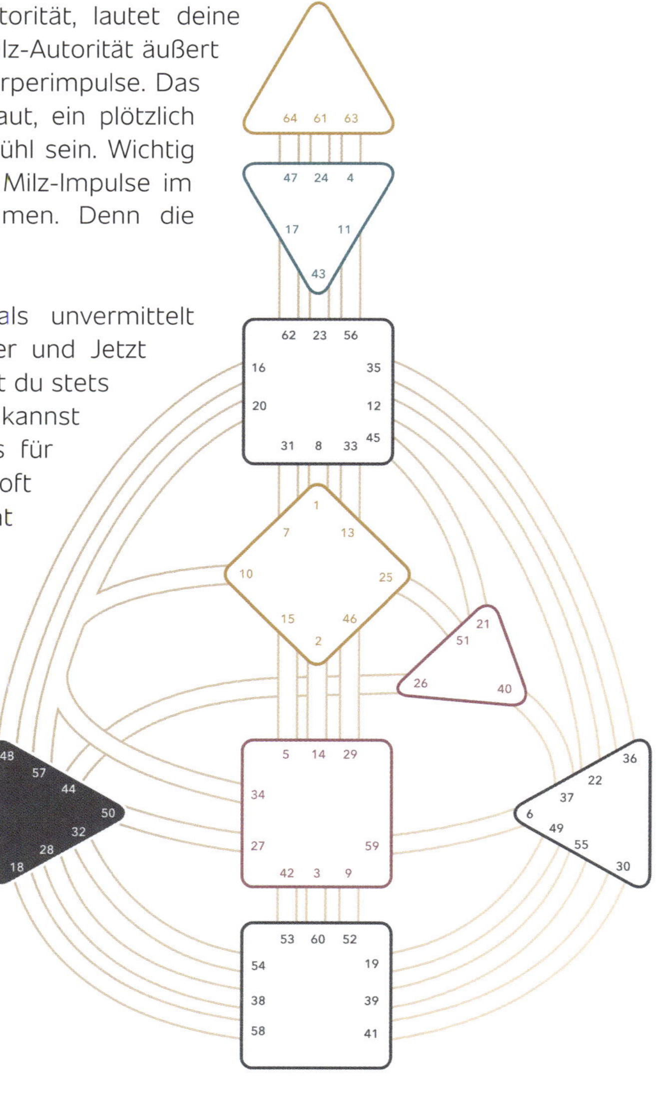

→ **Mehr dazu erfährst du ab Seite 122.**

Das *Ego*-Zentrum als *innere Autorität*: Mit einem gesunden Egoismus zur Antwort

Wann ist dein Ego-Zentrum die innere Autorität?

1 % der Menschen

- ✓ Emotional-Zentrum offen
- ✓ Sakral-Zentrum offen
- ✓ Milz-Zentrum offen
- ✓ Ego-Zentrum definiert

Das Ego-Zentrum ist der Motor unserer Willenskraft, unserer Herzensenergie. Hier geht alles um die Frage: Wofür will ich meine Kraft einsetzen? Lohnt sich der Energieaufwand für mich? Genauso funktioniert es auch als innere Autorität. Die Frage lautet stets: Stehe ich mit meinem Herzen dahinter?

Für dich ist es wichtig, deine Entscheidungen mit einer gesunden Portion Egoismus zu treffen. Ein Weg ist für dich nur dann der richtige, wenn du selbst etwas davon hast. Du darfst dich also stets fragen: Will ich das wirklich? Und: Was habe ich denn davon? Deine innere Autorität wird dir zuverlässig antworten. Spüre dazu einfach tief in dein Herz hinein. Es weiß, was gut für dich ist, und es weist dir den Weg.

→ **Mehr dazu erfährst du ab Seite 132.**

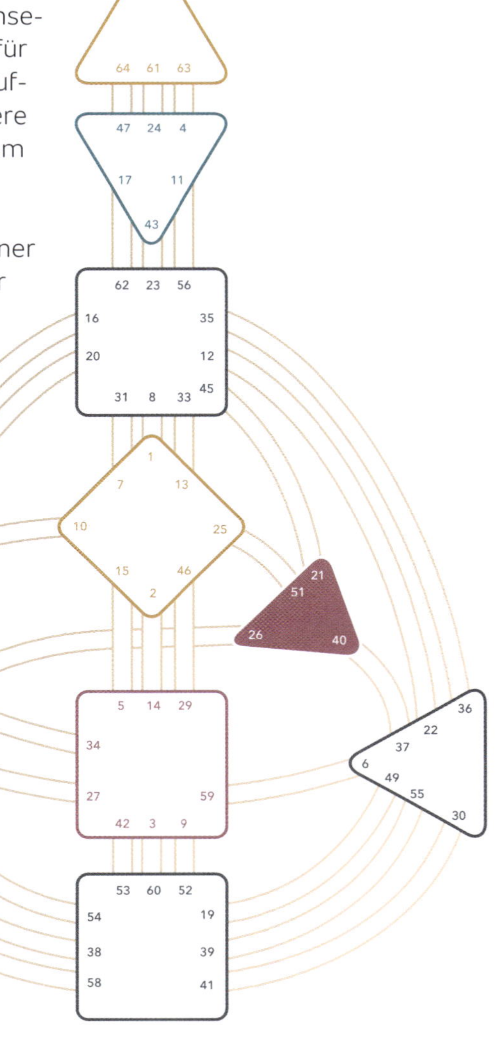

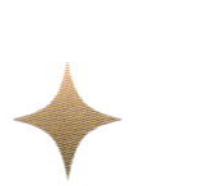

Das G-Zentrum als *innere Autorität*: Bestätigung deiner Identität und Richtung

Wann ist dein G-Zentrum die innere Autorität?

3 % der Menschen

- ✓ Emotional-Zentrum offen
- ✓ Sakral-Zentrum offen
- ✓ Milz-Zentrum offen
- ✓ Ego-Zentrum offen
- ✓ G-Zentrum definiert

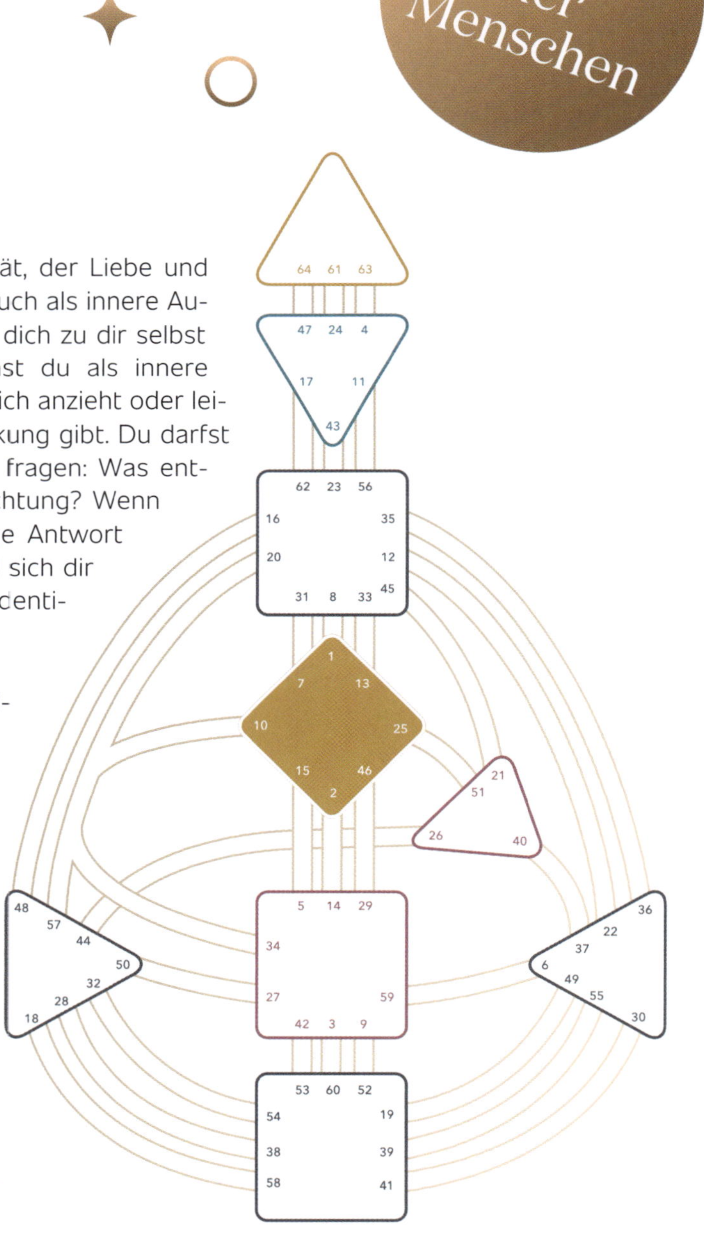

Das G-Zentrum ist der Ort der Identität, der Liebe und der Richtung. Und genauso spricht es auch als innere Autorität zu dir: als innerer Kompass, der dich zu dir selbst führt. Stimmige Entscheidungen kannst du als innere Richtung wahrnehmen; als etwas, das dich anzieht oder leitet und dir ein Gefühl der Selbstbestärkung gibt. Du darfst dich in Entscheidungssituationen stets fragen: Was entspricht mir wirklich? Was ist meine Richtung? Wenn du in dich hineinhörst, wird die richtige Antwort klar ein Teil deines Selbst sein. Sie wird sich dir zugehörig anfühlen und dich in deiner Identität bestärken.

Andersherum fühlen falsche Entscheidungen sich für dich an, als seist du aus der Bahn geworfen worden, als Selbstzweifel, als Mangel an Liebe zum Sein. Taucht dieses abseitige Gefühl auf, bist du gut damit beraten, in Gedanken an die letzten Weggabelungen zurückzugehen und noch einmal in die Entscheidungen hineinzuspüren. Du wirst schnell feststellen, an welcher Stelle du auf den Holzweg geraten bist – und kannst eine Kurskorrektur vornehmen.

→ **Mehr dazu erfährst du ab Seite 158.**

Die *Umgebungsautorität*: Antworten über den Austausch mit dem Umfeld

Wann verbindet dich dein Umfeld mit deiner persönlichen Autorität?

- ✓ *Emotional-Zentrum offen*
- ✓ *Sakral-Zentrum offen*
- ✓ *Milz-Zentrum offen*
- ✓ *Ego-Zentrum offen*
- ✓ *G-Zentrum offen*
- ✓ *Kopf- und/oder Ajna-Zentrum definiert*

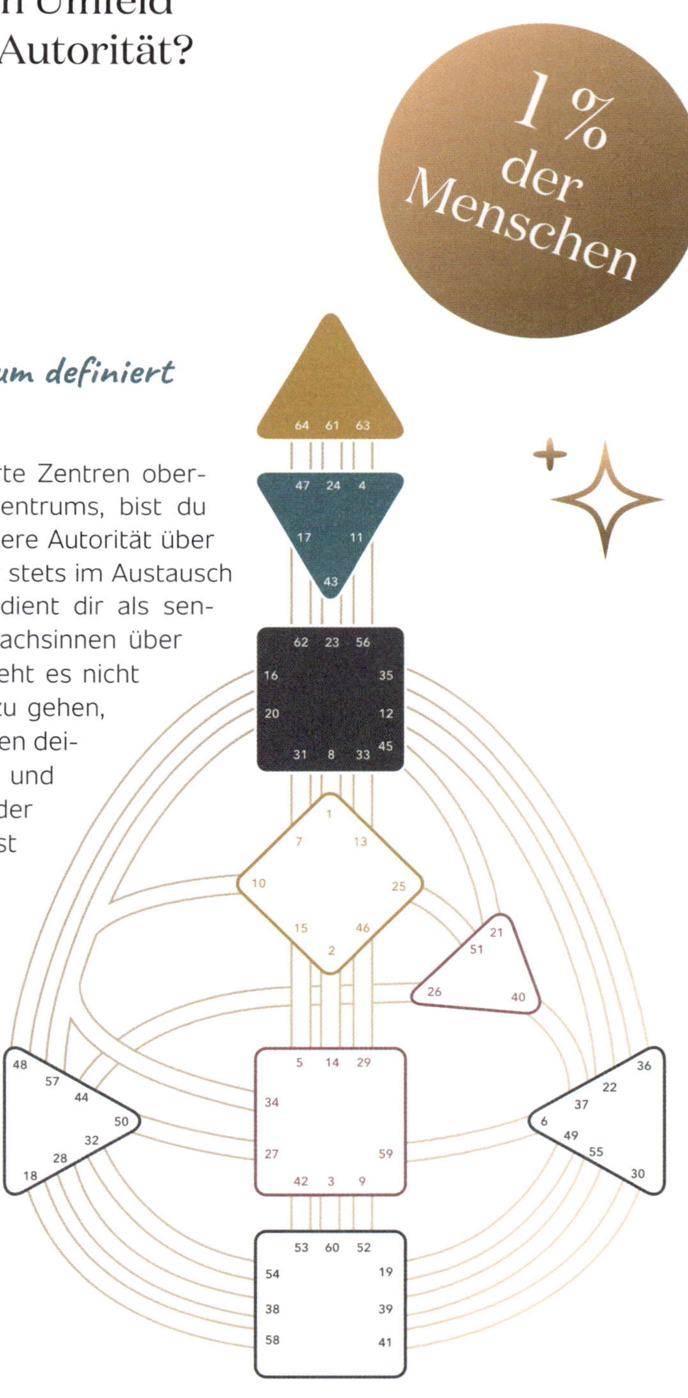

Hast du in deiner Körpergrafik definierte Zentren oberhalb, aber nicht unterhalb des Kehl-Zentrums, bist du einer der wenigen Menschen, deren innere Autorität über den Verstand kommuniziert – und zwar stets im Austausch mit anderen Menschen. Dein Umfeld dient dir als sensorische Resonanzfläche, die dir das Nachsinnen über eine Entscheidung ermöglicht. Dabei geht es nicht darum, in die Diskussion mit anderen zu gehen, sondern vielmehr darum, die Bewegungen deines Geistes eher passiv zu beobachten und zu schauen, wohin dich die Gespräche, der Austausch mit anderen führt. Wichtig ist hier, dass du dir immer der Stärke deines Verstandes bewusst bist, ihm aber nicht alleine die Führung überlässt.

In Phasen der Entscheidungsfindung benötigst du die richtige Umgebung. Die Rolle des Guides übernimmt dann dein Körper mit seinem offenen G-Zentrum: Er führt dich an die richtigen Orte und bringt dich unter die richtigen Leute. Achte daher unbedingt auf deine Körperwahrnehmung und folge deinen Impulsen.

Die *Mondautorität*: Der 28-Tage-Zyklus der Reflektoren

2 % der Menschen

Wann verbindet dich der Mond mit deiner persönlichen Autorität?

✓ *Alle Zentren offen*

Als Reflektor verfügst du über keine definierten Zentren – und damit auch über keinen festen Ort, von dem aus eine innere Autorität agieren könnte. Vielmehr ist es dein ganzer Körper, der dich zu einer stimmigen Entscheidung führt und zwar mithilfe des Mondes. Indem dieser über seinen 28-Tage-Zyklus alle Tore einmal definiert, erhältst du Zugang zu allen Ressourcen, die du für die richtige Entscheidung brauchst.

Entscheidungsfindung funktioniert für dich also nur über die Strategie des Abwartens. Wichtig ist für dich eine Umgebung, in der du dich wohlfühlst und Menschen um dich hast, mit denen ein vertrauensvoller und offener Austausch möglich ist. In diesem Kontakt entsteht das Gefühl für Richtig und Falsch.

Es ist natürlich herausfordernd, sich für eine Entscheidung 28 Tage Zeit zu nehmen – aber es lohnt sich – je wichtiger die Entscheidung umso mehr. Und da diese Art der Entscheidungsfindung für dich genau die richtige ist, steht auch fest: Du verpasst nichts! Die für dich stimmigen Wege werden auch nach der Wartezeit noch offenstehen. Hier darfst du dich zurücklehnen und dem Leben vertrauen.

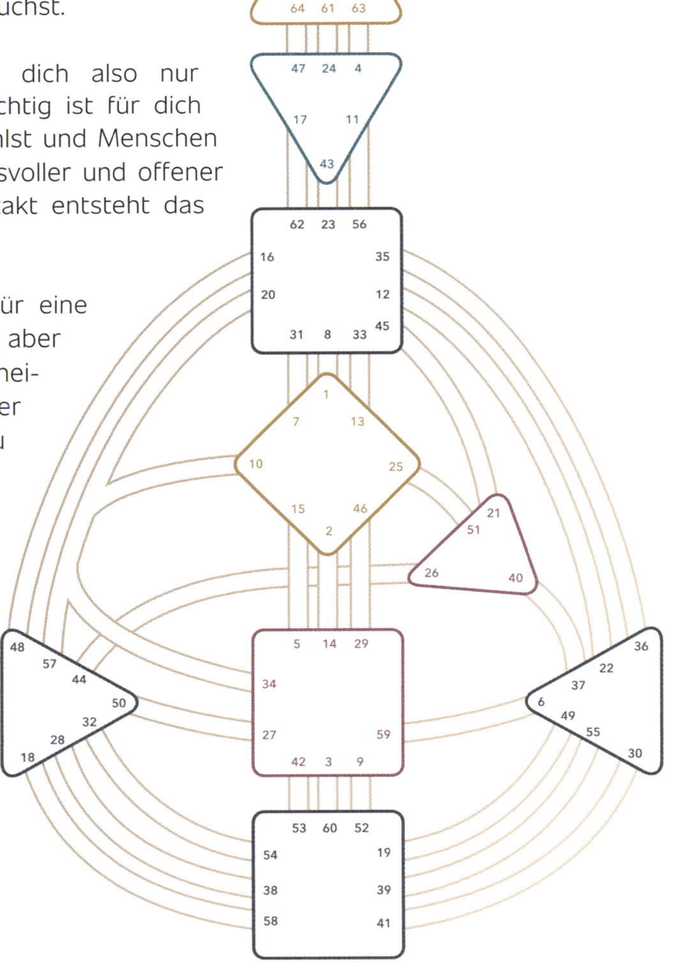

Raum für deine Gedanken:

ETAPPE 4

Die Zentren

Das *Sakral-Zentrum*

Das Sakral-Zentrum ist der Motor des Lebens. Hier entsteht jene Leistungskraft und Ausdauer, die es braucht, um unsere Welt am Laufen zu halten.

Das Sakral-Zentrum stellt jeden Morgen frische Energie zur Verfügung, die verbraucht werden möchte.

Das Sakral-Zentrum ist ein Motor, dessen Zweck darin besteht, zuverlässig und kontinuierlich jene Energie zur Verfügung zu stellen, mit der wir unsere Welt gestalten und weiterentwickeln. Es ermöglicht uns das Dranbleiben, verleiht uns die Ausdauer und Kraft, uns stetig weiterzuentwickeln. In ihrer Grundqualität ist diese Energie warm, kreativ und schöpferisch: Sie zielt auf das Erbauen, das Erschaffen, auf die Fortpflanzung und Sexualität. Aus der Kraft des Sakral-Zentrums heraus werden Familien gegründet, Häuser gebaut, Städte entwickelt. Hier entstehen die Nachkommen, werden aufgezogen, versorgt und behütet. Hier brennt das heimische Feuer, hier lodert die Lebenslust.

Es ist das einzige Zentrum, das sich im Schlaf immer wieder regeneriert.

Als einziges Zentrum stellt der sakrale Motor jeden Tag aufs Neue zuverlässig Energie zur Verfügung, die verbraucht werden möchte. Wie ein richtiger Motor tuckert es so lange, bis die Reserven leer sind. Das klare Anzeichen dafür ist Müdigkeit. Regeneration erfolgt im Schlaf.

Die Tatsache, dass morgens Energie bereitsteht, heißt aber nicht, dass bereits festgelegt wäre, wofür diese einzusetzen ist. Über diese Bewusstheit verfügt das Sakral-Zentrum nicht. Die Energie ist einfach da und kann in jede Richtung fließen – ganz gleich, ob sie Sinn macht, effizient ist und den stimmigen Zielen dient.

Damit die Energie stimmig fließen kann, muss sie aufs Leben reagieren dürfen und sich in etwas ergießen, das zu Zufriedenheit führt.

Merke:
Die Energie des Sakral-Zentrums sollte stets in Richtung Zufriedenheit fließen.

Das Sakral-Zentrum *im Blitzlicht:*

- *Zuverlässiger Motor*
- *Produktivität*
- *Lebenskraft*
- *Sexualität*
- *Ausdauer*
- *Wiederaufladbar*

Das *definierte* *Sakral*-Zentrum

69% der Menschen haben ein definiertes Sakral-Zentrum.

Das Sakral-Zentrum reagiert auf das Leben.

Ist dein Sakral-Zentrum definiert, gehörst du zur großen Gruppe der (Manifestierenden) Generatoren. Du bist ein kreativer Powertyp. Dir steht jeden Tag aufs Neue die volle Kraft des Sakral-Zentrums zur Verfügung – und die möchte verbraucht werden. Wofür du diese Energie einsetzt, ist dabei zunächst einmal irrelevant. Und genau das ist auch die Herausforderung. Denn da die sakrale Energie sich für ziemlich alles verwenden lässt, ist es überaus wichtig, sie stimmig einzusetzen – also für Dinge, die dir entsprechen. Alles andere ist pure Verschwendung – und das bedeutet Frust.

Der Schlüssel zum sakralen Flow ist die Reaktion des Bauchgefühls!

Tipp: Wenn du eine emotionale Autorität hast: Schlaf mal drüber und prüfe, ob die Antwort gleich bleibt.

Glücklicherweise gibt es eine gute Navigationshilfe, die dich dabei unterstützt, deine sakrale Power für die richtigen Zwecke einzusetzen. Sobald dein Leben dir ein stimmiges Angebot macht, springt dein Sakral-Zentrum an. Spürbar wird das als inneres „Ja", als Hin-zu-Bewegung, energetisches Anspringen oder als Lust auf etwas. Dieses Gefühl ist das einzig wahre Signal für dich, um Fahrt aufzunehmen und Energie zu investieren (natürlich in Abstimmung mit deiner inneren Autorität). Sobald du gelernt hast, diese Signale wahr- und vor allem auch ernst zu nehmen, wirst du deine Energie deutlich stimmiger einsetzen. Du fühlst dich mehr „im Fluss" und vermeidest Frustration.

Lust statt Muss – schon im Kindesalter

Für dich als sakral definierter Mensch gilt: Folge deiner sakral sprudelnden Energie und du wirst deinen Weg finden. Leider funktioniert unsere Gesellschaft oft anders: Schon im Kindesalter lernen wir nach dem Muss-, statt nach dem Lust-Prinzip. Die Schulen folgen einem strikten Lehrplan, die Ziele sind vorgegeben. Dabei wäre es für so viele Kinder richtig, stets das zu lernen, wozu das Leben sie gerade einlädt, worauf sie Lust haben.

Tipps für das *definierte* Sakral-Zentrum

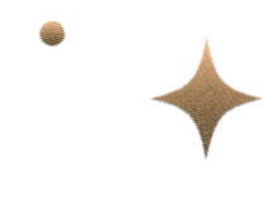

- *Reagiere auf das Leben.*
- *Hör auf dein Bauchgefühl.*
- *Folge deiner Energie.*
- *Power dich aus.*
- *Schlafe, wenn du müde bist – alles andere hat keinen Sinn.*

So angebunden an ihre innere Kraftquelle, könnten sie mit viel mehr Ausdauer bei der Sache bleiben und ihre wahren Interessen entdecken. Wie viel Frustration ließe sich vermeiden, wie viel Erfüllung erleben? Es ist nicht verwunderlich, dass freie Schulformen, die auf das freiwillige Lernen nach dem Lustprinzip setzen, sehr erfolgreich sind.

Auch im Erwachsenenalter hören allzu viele sakral definierte Menschen weiterhin nur auf ihren Verstand, statt ihrem Bauchgefühl zu folgen. Sie streben nach Zielen, die nicht ihre eigenen sind. Und ganz gleich wie viele Erfolge sie auch erringen, das entsprechende Zufriedenheitsgefühl bleibt aus. So arbeitet manch einer jahrelang in einem Job, den er nicht mag und schon der Gedanke täglich zur Arbeit zu gehen, ruft Widerstände auf. Ein anderes Beispiel ist die Pflichtverabredung zum Kekse backen, auf die man eigentlich gar keine Lust hatte und die dementsprechend zur reinen Qual wird.

Lerne auf deinen Bauch zu hören.

Das Sakral-Zentrum weist dir zuverlässig den Weg – wenn du deiner Zufriedenheit folgst

Frust ist ein Wegweiser.

Klar ist: Wenn du als sakral definierter Mensch deine Energie für die falschen Zwecke einsetzt, beginnen die Schwierigkeiten. Es wird anstrengend, denn du kämpfst gegen deine inneren Widerstände – und die sind hartnäckig. Das kann dazu führen, dass du die Dinge nur noch lustlos abarbeitest oder Angefangenes immer wieder genervt abbrichst. In allen Fällen hast du am Ende eine Menge Energie investiert, aber nur eines geerntet: Frust. Das Gute daran: Auch diese Signale kannst du für dich nutzen. Denn sie zeigen dir klar und deutlich, wenn du auf dem falschen Weg bist. Nutze diese Gelegenheiten, um zurückzuschauen und den Kurs zu korrigieren. Du wirst merken, wie die Widerstände verschwinden, wie Freude einkehrt und deine Aktivitäten endlich wirklich Erfüllung bringen.

→ Experiment
Folge eine Woche lang konsequent nur deiner Bauchstimme. Was passiert?

Du hast Schwierigkeiten mit deiner sakralen Kraft in Verbindung zu kommen? Dann höre hier mögliche Gründe/Ursachen:

Wie nutzt du dein *definiertes* Sakral-Zentrum?

Funktional
Das Sakral-Zentrum stellt dir aus der Reaktion heraus Kraft und Ausdauer zur Verfügung. Du nutzt die Energie jeden Tag voll aus und schläfst, wenn du müde bist.

Dysfunktional
Dein Sakral-Zentrum muss für alles Mögliche einspringen, auch wenn es gar keine Lust dazu hat. Alles erscheint anstrengend. Du arbeitest weiter, obwohl du längst müde bist.

Das *offene* *Sakral*-Zentrum

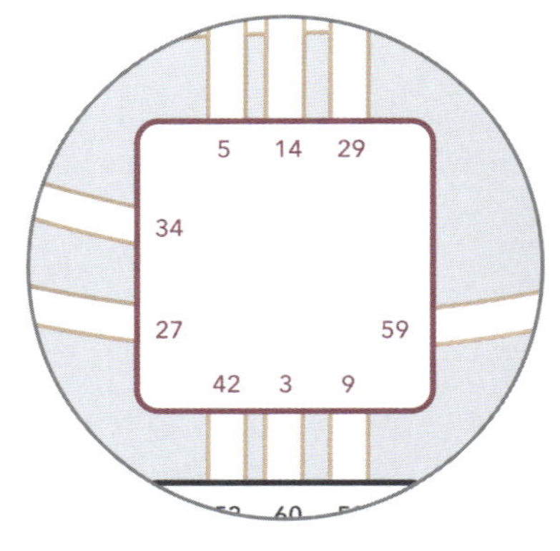

31 % der Menschen haben ein offenes Sakral-Zentrum.

Höher, schneller, weiter? Typisch offenes Sakral.

Wenn du ein offenes Sakral-Zentrum hast, bist du sehr empfänglich für die Vitalität, Energie und Schaffenskraft deines Umfeldes. Du nimmst die Energien der anderen in dir auf und verstärkst sie sogar noch. Das kann sich sehr kraftvoll anfühlen! Und so ist es gut möglich, dass du dich selbst für einen absoluten Power-Menschen hältst. Dass du meistens noch schneller arbeitest, noch weiter gehst, noch höher strebst als deine Mitmenschen mit definiertem Sakral-Zentrum. Was du dabei wahrscheinlich gar nicht mitbekommst, ist, dass du dabei auf Fremdenergie läufst. Denn die Motorkraft, die dich antreibt, ist gar nicht deine eigene. Du hast sie dir mit deinem offenen Sakral nur geliehen.

Die Gefahr, über die eigenen Ressourcen hinauszugehen, ist groß.

Das Problem: In diesem Zustand fehlt dir das Gespür dafür, wann deine eigenen Ressourcen verbraucht sind und dein Körper Ruhe braucht. Du verfügst über keinen Mechanismus, der anzeigt: „Schluss, ich bin müde, genug für heute!" Dasselbe gilt für die Frage, ob du überhaupt auf der richtigen Bahn bist, stimmig agierst und dir das, was du tust, wirklich entspricht. Auch hier wirkt das Umfeld mit vielen sakral-definierten Menschen beeinflussend. So kann es schnell passieren, dass du nicht nur mit fremder Energie unterwegs bist, sondern auch noch für die falschen Dinge.

Irgendwann zieht der Körper die Notbremse.

Mit deinem offenen Sakral-Zentrum läufst du mehr als andere Gefahr, dich zu verausgaben und über deine gesunden Grenzen hinauszugehen. Solange noch irgendwo sakrale Energie zu haben ist, machst du einfach immer mit und immer weiter – sei es bei der Arbeit, auf einer Party, beim Sport, beim Essen, beim Sex. Das geht so lange, bis dein Körper irgendwann die Notbremse zieht und dich auf eher unsanfte Art zum Innehalten zwingt. Dies ist auch der Grund, warum Menschen mit einem offenen Sakral-Zentrum ein erhöhtes Risiko für das Auftreten von Erschöpfungszuständen bis hin zum Burn-out haben.

Tipps für das *offene* Sakral-Zentrum

- *Mach Pausen und gönne dir Auszeiten.*
- *Schlafe, bevor du müde bist.*
- *Achte auf Alleinzeit, um deinen Energiestand zu checken.*
- *Schlafe wenigstens ab und zu alleine.*

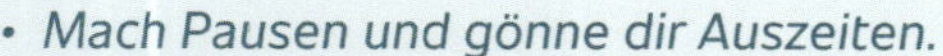

Es ist wichtig für dich, zu erkennen, dass du nicht über unbegrenzte Schaffenskraft verfügst – auch wenn es sich so anfühlt. Da du deine energetischen Grenzen nicht spürst, solltest du Pausen machen, bevor du erschöpft bist, und schlafen gehen, bevor du müde bist.

Erkenne deine wahre Stärke!

Übrigens: Das geringere Energielevel des offenen Sakral-Zentrums ist für dich kein Nachteil. Agierst du achtsam und deinem Arbeitstyp entsprechend, brauchst du einfach weniger Energie als die sakral-definierten Menschen. Dir wurde die Fähigkeit in die Wiege gelegt, deine Energie hocheffizient und zielgenau einzusetzen. So bist du in der Lage, in kurzer Zeit deutlich mehr zu erreichen als andere. Und dann heißt es wieder: Pausieren! Und genau das ist deine Herausforderung in dieser leistungsorientierten Welt. Du bist nicht dafür gemacht, dauerhaft und gleichmäßig Leistung zu erbringen. Daher musst du lernen, dich in deinem Arbeitsrhythmus von den stetig tuckernden Generatoren abzukoppeln und großzügige Auszeiten zu nehmen.

Du bist nicht dazu gemacht, ein Arbeitstier zu sein

Verstehe es nicht falsch: Es spricht nichts dagegen, sich im richtigen Moment von den richtigen Menschen „aufladen" zu lassen. Behalte nur immer im Blick, wie es um deine eigene Energie steht und ab wann du dich energetisch im Minus bewegst. Denn du kannst dir sicher sein: Die Rechnung kommt im Nachhinein.

→ Experiment
Beobachte in den nächsten Wochen einmal, wie sich die Anwesenheit anderer auf dein Energie-Level auswirkt. Fühlst du dich auch nach einem langen Tag noch voller Power? Dann verlass einmal den jeweiligen Kontakt, nimm dir Zeit für dich und fühle erneut in dich hinein.

Die Gabe des offenen Sakral-Zentrums

Wie alle undefinierten Zentren birgt auch das offene Sakral-Zentrum eine besondere Gabe. So haben nicht-sakrale Menschen ein feines Gespür für die Energieverwendung ihrer Mitmenschen. Du kannst sehr gut wahrnehmen, ob das Sakral-Zentrum deines Gegenübers stimmig und mit Freude arbeitet oder nicht. Das macht dich zu einem wundervollen Ratgeber für Menschen, die sich mehr Zufriedenheit in ihrem Leben wünschen und Wege suchen, den Frust loszuwerden. Darüber hinaus erkennst du gut und zuverlässig Wege, um Aktivitäten energetisch effizienter zu gestalten.

Wie nutzt du dein *offenes* Sakral-Zentrum?

Funktional
Du nimmst die Energie anderer feinfühlig wahr. Du involvierst dich nur entsprechend deiner Strategie und Autorität und so lange sich in dir alles richtig und gut anfühlt, auch wenn du alleine bist. Du machst Pausen, bevor du erschöpft bist.

Dysfunktional
Du hältst die Energie der anderen für deine eigene und vergrößerst sie. Du machst überall mit, gönnst dir keine Pausen und arbeitest bis zur Erschöpfung.

Logbuch: Erkunde die Insel. Zeit für eigene Entdeckungen

Datum ____________

Die folgenden Fragen können dir helfen, dein Sakral-Zentrum näher kennenzulernen. Nimm sie mit in den nächsten Tagen, wende dich ihnen immer wieder zu und versuche einmal die sakrale Energie in deiner Körpermitte wahrzunehmen.

1. Kennst du das Gefühl, so richtig „Bock" auf etwas zu haben? Wenn ja: Wie fühlt sich das an, wo in deinem Körper spürst du es?

2. Kennst du Tätigkeiten, bei denen du völlig die Zeit vergessen kannst und die „nach getaner Arbeit" ein Gefühl wohliger Befriedigung hinterlassen? Wenn ja, welche sind das?

3. Magst du Tätigkeiten, für die es Ausdauer und kontinuierliches Dranbleiben braucht?

4. Kannst du auch im Beisein anderer gut spüren, wann du müde bist und eine Pause brauchst? Nimmst du sie dir auch?

5. *Kennst du das Gefühl, abends richtig „leer" zu sein? Und wie ist dein Energielevel am Morgen?*

6. *Weißt du, wann es genug genug ist?*

7. Fühlst du dich oft von anderen energetisch aufgeladen? Wie fühlt sich das an?

8. Lässt du dich leicht von den Gelüsten anderer anstecken, z. B. wenn es ums Essen geht?

9. Erkennst du immer wieder Möglichkeiten, wie man schneller, effizienter oder einfacher ans Ziel kommen könnte?

Das Wurzel-Zentrum

Das Wurzel-Zentrum ist zugleich Motor- und Druck-Zentrum. Es produziert jenen Antrieb, der unser Überleben sichert.

Das Wurzel-Zentrum ist nicht für den Dauerbetrieb bestimmt.

Das Wurzel-Zentrum ist ein sehr kraftvolles Zentrum. Anders als das Sakral-Zentrum arbeitet es nicht kontinuierlich, sondern fungiert als Starter-Energie, als Antrieb. Im definierten Zustand ist das Wurzel-Zentrum die kraftvollste und reinste Energieressource, die wir haben. Das Wurzel-Zentrum springt an, wenn es um unser Überleben geht. Es setzt pure Kraft in Form von Adrenalin frei. Körperlich spürbar ist diese Energie als Druck. Wichtig ist zu wissen, dass das Wurzel-Zentrum über keine Bewusstheit verfügt. Es setzt seine Energie rein mechanisch frei, als Reaktion auf einen (vermeintlichen) Ausnahmezustand. Aus diesem Grund hat es auch keinen direkten Anschluss zur Kehle, kann also nicht ungefiltert als Handlung freigesetzt werden. Stattdessen ensteht ein körperlicher Druck, der sofortiges Handeln unabwendbar erscheinen lässt. Der Verstand suggeriert: Du *musst* sofort etwas tun!

Die Wurzel-Energie ist auch der Kraftstoff der Evolution.

In Gefahrensituationen versetzt diese Energie uns physisch in die Lage, unser Überleben zu sichern, sei es unser persönliches Überleben, weil unsere materielle Existenz, unsere Sicherheit oder unsere Gesundheit in Gefahr sind. Oder sei es das Überleben der Spezies, weil wir Energie für den biologischen Prozess, für Weiterentwicklung, Perfektionierung und Erneuerung benötigen. Dieser Mechanismus stammt noch aus der Vorzeit und es ist gut vorstellbar, wie das Wurzel-Zentrum im richtigen Moment dafür sorgte, dass unsere Ahnen dem Angriff des Raubtiers entgingen und es nach langen Jagdtouren mit letzter Wurzel-Kraft zurück zur Sippe schafften.

Den Wurzeldruck nehmen wir als Stress wahr.

Nun befinden wir uns heute allerdings nur noch selten in Situationen, in denen unser Leben so unmittelbar bedroht ist. Der Überlebensdruck ist ein anderer geworden. Heute geht es darum, Rechnungen zu bezahlen, die Familie zu ernähren oder Prüfungen zu bestehen. Die Wurzel-Energie aber bleibt diesselbe: So kennen wir wohl alle die drückende Unruhe, die innerlich entstehen kann, wenn unser Verstand uns eine Bedrohung suggeriert.

Während dieses Gefühl an mancher Stelle absolut richtig ist und uns im passenden Moment ins Handeln bringt, ist es oftmals auch völlig unangebracht und versetzt uns grundlos in Alarmbereitschaft. Das birgt zum einen ein gesundheitliches Risiko: Denn wer sein Leben als dauerhaften Ausnahmezustand empfindet und ständig die Wurzel-Energie in Anspruch nimmt, bekommt früher oder später die Rechnung dafür.

Zum anderen lenkt dieser Wurzel-Druck uns von unserer inneren Autorität ab. Er kann uns leicht dazu verleiten, falsche Entscheidungen zu treffen. Ein gutes Beispiel dieser Funktionsweise liefert uns die Werbung. So triggern Anzeigen, in denen es beispielsweise heißt „Jetzt schnell zuschlagen, das Angebot ist nur noch kurze Zeit verfügbar!" ganz bewusst unser Stress-Zentrum. Sie führen uns in Versuchung, umgehend zu handeln, um den Druck schnellstmöglich loszuwerden. Dieser Falle können wir entgehen, indem wir uns diesen Mechanismus bewusst machen und ihn so aushebeln. Es gilt also: Sorge in Stressmomenten für Ruhe, atme tief durch und ziehe deine innere Autorität zurate, bevor du eine Entscheidung fällst.

Das Wurzel-Zentrum ist nie und für niemanden der Ort für die Entscheidungsfindung

**Merke:
Treffe niemals Entscheidungen aus dem Druck des Wurzel-Zentrums heraus!**

Das Wurzel-Zentrum *im Blitzlicht:*

- *Motor- & Druck-Zentrum*
- *Überleben*
- *Adrenalin*
- *Antrieb*
- *Stress*
- *unbewusst*
- *mechanisch*

Das *definierte* Wurzel-Zentrum

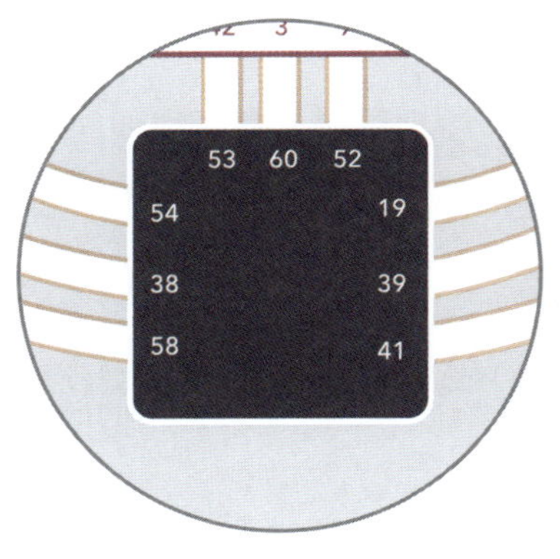

58 % der Menschen haben ein definiertes Wurzel-Zentrum.

Wenn du ein definiertes Wurzel-Zentrum hast, ist dein natürlicher Zustand entspannt und ruhig. Du stehst mit beiden Beinen fest auf dem Boden, fühlst dich geerdet und sicher auf der Welt. Diese Ruhe und Gelassenheit, vielleicht sogar eine gewisse Trägheit, strahlst du auch auf andere aus. Dich wirft so leicht nichts um. Das kann dich in Stresssituationen zum sprichwörtlichen Fels in der Brandung machen.

Eine starke Wurzel bringt Sicherheit, Vertrauen und Stabilität.

Im Hinblick auf deine materielle Existenz, auf dein Überleben, verfügst du über ein gewisses Urvertrauen. „Es wird schon alles gut gehen" oder „Ich komme schon irgendwie durch." Sind typische Sätze aus dem Mund eines Menschen mit definiertem Wurzel-Zentrum. Es ist gut möglich, dass du nicht allzu viel Wert auf Versicherungen, Stabilität und andere Sicherheitsvorkehrungen im Außen legst. Du hast eine Grundsicherheit in dir selbst und vertraust auf den Prozess. Nicht selten bringt das eine Risikobereitschaft mit sich. Deine definierte Wurzel gibt dir die Energie, Wege einzuschlagen und Dinge zu starten, die andere nicht wagen würden.

Das Wurzel-Zentrum ist resistent gegen den Druck von außen.

Menschen mit definiertem Wurzel-Zentrum sind weitestgehend resistent gegen den Druck von außen. Das bedeutet für dich: Eine gestresste Umgebung kann dir wenig anhaben. Ungeduldige Familienmitglieder, gestresste Menschen in der Supermarktschlange oder hektische Kollegen: Solange du keinen eigenen Handlungsdruck verspürst, lässt du dich nur schwerlich anschieben. Du lässt dich einfach nicht so leicht unter Druck setzen – und versucht es doch jemand, geht das wahrscheinlich nach hinten los: Alles dauert noch länger.

Tipps für das *definierte* Wurzel-Zentrum

- *Nutze deine Kraftreserve weise.*
- *Sei dir deiner Wirkung auf andere bewusst.*
- *Ruhe und Entspanntheit sind dein Naturzustand.*
- *Stress machst du dir selbst – besinne dich immer wieder darauf.*
- *Triff keine Entscheidung aus dem Stress heraus.*

Ganz anders sieht es aus, wenn du merkst: Jetzt ist es Zeit zu handeln. Da kannst du wochenlang alles vor dir hergeschoben haben (typisch), sobald dein Wurzel-Zentrum anspringt, arbeitest du auf Hochdruck. Dein Adrenalinspiegel schießt nach oben und nun sollte dir besser niemand im Weg stehen. In diesem Zustand überkommt dich eine starke körperliche Unruhe. Aus dem ruhenden Berg wird eine rollende Lawine. Diese Energie ist nicht nur für dich, sondern auch für dein Umfeld wahrnehmbar. Vor allem auf Menschen mit offenem Wurzel-Zentrum hast du nun eine starke Wirkung. Denn so wie du deine Ruhe weitergeben kannst, verhält es sich auch mit deinem Stress. Solange du nicht entspannt bist, spüren andere dies als inneren Druck ins Handeln kommen zu müssen.

Wenn du in Bewegung kommst, kann dich nichts aufhalten.

Die Superkraft des definierten Wurzel-Zentrums – und seine Tücke

Dein definiertes Wurzel-Zentrum ist wie ein Notstromaggregat. Es stellt dir in Ausnahmesituationen zuverlässig eine Extra-Portion Energie zur Verfügung, die es dir ermöglicht über deine eigentlichen Kraftreserven hinauszugehen. Du bist in der Lage, immer noch eine Schippe draufzulegen – egal, ob du müde, lustlos oder körperlich erschöpft bist. Das Adrenalin aus der Wurzel ermöglicht dir, stets alles zu erledigen, was deiner Ansicht nach noch erledigt werden muss. Tückischerweise kann das alles Mögliche sein: von der dringenden E-Mail, über den Wocheneinkauf bis hin zum Konzertbesuch. Solange du entschieden hast „Das muss ich machen!“, liefert deine Wurzel dir die notwendige Extra-Energie. Aber Achtung: Das Wurzel-Zentrum ist zwar ein Motor, aber kein dauerhafter Antrieb! (Gerade Menschen, die im Sakral offen sind, müssen hier achtgeben.) Die Gefahr ist, viel zu viel auf dieser Reserveenergie zu laufen und sich so langsam, aber sicher aufzureiben – bis dann irgendwann gar nichts mehr geht und dein Körper die Notbremse zieht (z. B. durch einen Hexenschuss, eine Migräne-Attacke oder andere typische „Stresskrankheiten“).

Den Druck machst du dir ganz allein – und nur du kannst ihn dir nehmen.

Die eigene Wurzel-Energie zu verstehen, kann ein echter Gamechanger sein. Denn sobald du erkennst, dass der Druck nicht von außen kommt, sondern dass du allein die Quelle für all den Stress bist, verändert sich alles. Vermeintlich existenzielle Themen erscheinen in einem neuen Licht und dürfen endlich wieder entspannter betrachtet werden – nämlich so, wie es deiner Natur entspricht. Und plötzlich ist nicht mehr jedes Anliegen des Chefs eine Notsituation, nicht jeder Termin eine lebenserhaltende Maßnahme.

→ Experiment
Beobachte dich in den nächsten Wochen, in Situationen von Aufregung, z. B. bevor Gäste eintreffen, vor einer wichtigen Präsentation oder Prüfung oder wenn du verschlafen hast … Spürst du eine Extra-Energie, das Adrenalin in deinem Körper?

Wie nutzt du dein *definiertes* Wurzel-Zentrum?

Funktional

Das Wurzel-Zentrum ist dein innerer Ruhepol. Als Kraftreserve liefert es dir Sicherheit, Vertrauen sowie auch die Energie, etwas in Gang zu bringen. Anderen bietest du einen hilfreichen Anschubs oder auch einen Ort der Ruhe im Sturm.

Dysfunktional

Du setzt dich ständig unter Druck, bist angespannt und siehst überall Existenzbedrohungen. Du nutzt den Wurzel-Motor für alles Mögliche und reißt in deinem Stressstrudel auch andere mit.

Das *offene* *Wurzel*-Zentrum

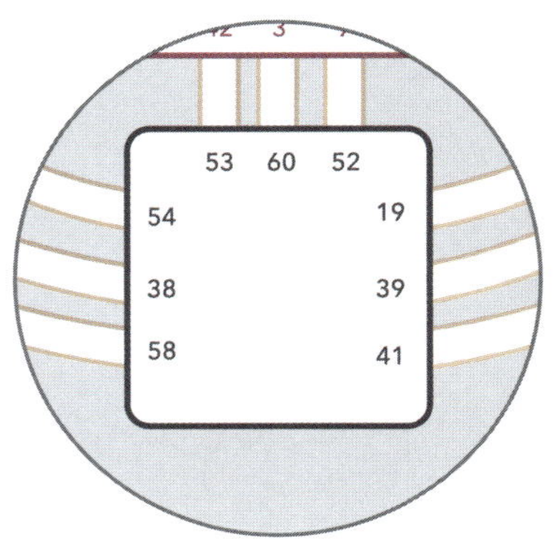

42 % der Menschen haben ein offenes Wurzel-Zentrum.

Eine offene Wurzel schenkt Leichtigkeit.

An die Stelle der Schwere und Erdverbundenheit des definierten Wurzel-Zentrums tritt im offenen Zustand ein Gefühl von Leichtigkeit und Schwerelosigkeit. Als Mensch mit einer offenen Wurzel schwebst du ein paar Zentimeter über dem Boden. Du bist leichtfüßig, flexibel, wendig und kommst viel schneller in Gang als deine erdverbundenen Mitmenschen. Bei aller Losgelöstheit verursacht dieser Schwebezustand dir vielleicht aber auch ein Gefühl der Unsicherheit, so als hingst du mit beiden Beinen in der Luft. Dir fehlt dieses grundlegende Urvertrauen in den materiellen Prozess, die Sicherheit bezüglich deines Überlebens. Wahrscheinlich legst du größeren Wert auf finanzielle Absicherung, auf eine stabile Vorsorge. Kurz: Mit einer offenen Wurzel bist du anfälliger für Existenzängste.

Du nimmst den Stress deiner Umwelt körperlich wahr.

Druck und Stress sind für dich körperlich nicht als Thema angelegt – und so ist dein Grundzustand unbeschwert, leicht, frei. Dieser bleibt allerdings nur stabil, wenn du in einer stressfreien Umgebung bist. Denn wie alle offenen Zentren nimmt auch die Wurzel die Energien ihrer Umgebung auf und verstärkt sie. Das bedeutet hier: Du bist äußerst sensibel für Stress von außen. Ist jemand in deinem Umfeld ungeduldig oder steht unter Druck, spürst du das körperlich – und zwar deutlich stärker als das Umfeld, dessen Druck du aufnimmst. Das kann sehr unangenehm sein, sodass du nichts anderes willst, als dieses Gefühl wieder loszuwerden. Da du nicht weißt, woher das Gefühl kommt, beziehst du es auf dich selbst und gibst extra Gas, um alle Punkte auf der To-do-Liste schnellstmöglich zu erledigen. Und weil alle anderen so langsam sind, erledigst du deren Arbeit auch noch schnell mit. Und alles nur, um diesen Druck loszuwerden. Gerade Menschen mit definierter Wurzel können für dich dann richtige Bremser sein.

Sobald eine Aufgabe erledigt ist, tauchen zehn neue auf.

Tipps für das *offene* Wurzel-Zentrum

- *Beobachte den Druck und finde neue gesunde Wege, mit ihm klarzukommen.*
- *Verlasse die Situation, wenn sie zu unangenehm ist.*
- *Gönn dir bewusst Auszeiten für Wellness und Entspannung.*
- *Hilf anderen durch gezieltes Nachfragen, den Druck zu senken.*

Das Problem: All das bringt dir keine Erleichterung. Im Gegenteil: Dein Kompensationsbestreben kostet dich unglaublich viel Energie und weil du alles möglichst schnell hinter dich bringen willst, bleibt die Freude auf der Strecke. Ohnehin kämpfst du gegen Windmühlen, solange du nicht erkennst, dass es nicht dein Druck ist, dass keine Gefahr im Verzug ist, kein Notstand herrscht. Die Lösung: Momente des Rückzugs! Als Mensch mit einem offenen Wurzel-Zentrum benötigst du Oasen der Ruhe in deinem Alltag. Denn wirklich entspannen kannst du nur in absolut stressfreien Umgebungen: im Urlaub, alleine zu Hause, jenseits von (vermeintlichen) Verpflichtungen. Gib dir so oft wie möglich die Gelegenheit jeglichen Druck auszublenden und erlaube dir Müßiggang. Du darfst entspannen. Du darfst rumliegen. Du darfst einfach nur sein. Denn genau das ist sehr wichtig für dich!

Du darfst faulenzen!

Stressige Orte und Situationen wie Großraumbüros, Krankenhäuser und der Straßenverkehr können für Menschen mit einem offenen Wurzel-Zentrum sehr anstrengend sein. Nicht selten führt das dazu, dass sie beginnen diese Orte und Situationen vollends zu meiden, was eine Einschränkung im Alltag sein kann. Daher ist es empfehlenswert, hier mit großer Achtsamkeit vorzugehen. Mache dir immer wieder bewusst, dass der wahrgenommene Druck nicht dein eigener ist. Er kommt nicht aus deinem Inneren und daher kannst du ihn auch nicht „ablassen“. Das Einzige, was hilft, ist ihn von vornherein abprallen zu lassen. Das funktioniert am besten über bewusste Abstandnahme: Aus der Situation gehen, kurz den Raum verlassen und sich fragen: Ist das hier gerade wirklich existenzbedrohend? In den meisten Fällen wird die Antwort „Nein“ lauten – und mit ihr kehrt dann über die Zeit auch die Leichtigkeit zurück.

Verlasse dein stressiges Umfeld.

Die Gabe des offenen Wurzel-Zentrums

Du hast das Potenzial, andere durch Bewusstmachung von ihrem Stress zu befreien. Achtsam eingesetzt kannst du über dein offenes Wurzel-Zentrum feinfühlig erkennen, wer unter Druck steht – und zwar schon bevor dein Gegenüber im Stressstrudel versinkt. „Muss der Stress gerade wirklich sein? Was brauchst du, um den Druck loszuwerden?“ Mit behutsamen Fragen kannst du anderen helfen, ihre Wurzelenergie nicht überzustrapazieren. Wenn der Druck nachlässt, bringt das auch dir Erleichterung.

→ Experiment
Beobachte in den nächsten Wochen genau, wann sich bei dir ein Gefühl von Hektik und Stress einstellt. Nimm dich dann bewusst einmal aus dieser Situation und dem Umfeld heraus. Was passiert?

Wie nutzt du dein *offenes* Wurzel-Zentrum?

Funktional

Du fühlst dich leicht und wendig. Du erlaubst dir zu entspannen und auszuruhen. Druck erkennst du als Fremdenergie und machst ihn nicht zur Entscheidungsinstanz. Bevor du reagierst, fragst du stets: Ist das jetzt wirklich existenziell?

Dysfunktional

Du fühlst dich instabil. Deine To-do-Liste ist unendlich und eigentlich musst du immer noch schnell etwas erledigen, bevor du entspannen darfst. Alle anderen sind dir zu langsam und schon alleine deshalb stresst dich dein Umfeld.

Logbuch: Erkunde die Insel. Zeit für eigene Entdeckungen

Datum ____________

Die folgenden Anregungen können dich besser mit deinem Wurzel-Zentrum in Verbindung bringen. Nimm sie mit in deinen Alltag und versuche, die Energie in deinem Körper wahrzunehmen.

1. Stelle dich in einer ruhigen Minute an einem ruhigen Ort mit beiden Füßen auf den Boden. Atme dreimal bewusst ein und aus. Spürst du deine Erdung, deine Verwurzelung mit der Erde? Fühlst du, dass du sicher von der Erde getragen bist?

2. Beobachte die Kellner in einem Restaurant: Erkennst du, wer ein definiertes und wer ein offenes Wurzel-Zentrum hat?

3. Würdest du dich selbst als Fels in der Brandung bezeichnen? Haben andere dir schon einmal derartige Qualitäten gespiegelt?

4. Neigst du dazu, Dinge so lange liegen zu lassen, bis es nicht länger geht und erledigst sie dann unter Zeitdruck? Beschreibe typische Situationen.

5. Was geschieht, wenn andere dich zur Eile antreiben? Was macht das mit dir? Wie gehen solche Situationen normalerweise aus?

6. Willst du deine Aufgaben am liebsten alle schnell hinter dich bringen? Warum ist das so? Passieren dir in der Hektik häufiger Flüchtigkeitsfehler?

7. Was macht eine volle To-do-Liste mit dir? Welche Gefühle lösen unerledigte Aufgaben in dir aus? Hast du jemals das Gefühl, alles erledigt zu haben? Wann tritt dieses Gefühl ein – und wie fühlt es sich an?

8. Wirst du ungeduldig, wenn andere die Ruhe weghaben?

9. Fällt es dir schwer, zur Ruhe zu kommen?

10. Wie wichtig ist dir Sicherheit im Leben? Sorgst du proaktiv für alle Fälle vor? Brauchst du das Gefühl, ein zuverlässiges Polster zu haben?

11. Hast du schon Entscheidungen aus einem Druck heraus gefällt? Wie fühlten diese sich im Nachhinein an – was ist daraus entstanden? Beschreibe mindestens drei Erfahrungen.

12. Was hilft dir aus stressigen Situationen heraus in die Entspannung zu kommen? Brainstorme drei für dich passende Wege.

Das Milz-Zentrum

Das Milz-Zentrum ist unser ältestes Bewusstheits-Zentrum. Seit etwa 4,5 Millionen Jahren gehört es zur Ausstattung der Lebewesen auf unserem Planeten. Es sichert unser Überleben im Hier und Jetzt.

Typisch Milz-Zentrum: Manche Dinge weiß man einfach, das kann man nicht verstandesmäßig erklären.

Das Milz-Zentrum dient der spontanen Körperwahrnehmung. Hier sind unsere Intuition und Instinkte zu Hause, hier sitzen unsere funktionalen Ängste (also jene Ängste, die gut für uns sind, weil sie uns schützen). Die Milz hat die Aufgabe, uns gesund und am Leben zu halten.

Das Milz-Zentrum ist auch der Sitz unserer Immunabwehr. Es erkennt Gefahrensituationen blitzschnell und reagiert schon lange, bevor der Verstand überhaupt ahnt, dass etwas nicht stimmt. Über ein körperliches Signal zeigt es an: Achtung, hier ist Vorsicht geboten! Das kann ein unwillkürliches Zurückweichen sein, ein kurzes inneres Zögern, eine Gänsehaut oder auch „nur" ein ungutes Gefühl.

Etwas riecht komisch, schmeckt komisch oder klingt komisch? Das ist das Milz-Zentrum in Aktion.

In seinen Bewertungen beruft sich das Milz-Zentrum auf den unbewussten Erfahrungsschatz unserer Vorfahren, auf unser ureigenes, überindividuelles Körperwissen – auf unsere Sinne. So erkennt das Milz-Zentrum den Geruch eines Feuers, die Form einer Schlange, den Geschmack von Verdorbenem, das Geräusch eines Angreifers instinktiv als Gefahr.

Die Botschaften des Milz-Zentrums sind kühl und klar – und wichtig: Sie erscheinen ohne weitere Erläuterung. Eine Warnung der Milz zeigt immer nur, dass etwas nicht stimmt, nicht unbedingt, was es ist. Vielleicht fällt es deshalb vielen Menschen so schwer, die Signale des Milz-Zentrums wahrzunehmen und ihnen zu folgen.

Merke: Das Milz-Zentrum meldet sich über feine, körperliche Impulse!

Das Milz-Zentrum *im Blitzlicht:*

- *Bewusstseinszentrum*
- *Wissen im Jetzt*
- *Instinkt, Intuition und Urteilsvermögen*
- *leise und einmalig*
- *Körperweisheit*
- *gesunde Ängste*

Das *definierte* *Milz*-Zentrum

55 % der Menschen haben ein definiertes Milz-Zentrum.

Typisch für „Milz-Menschen" ist eine permanente körperliche Wachsamkeit.

Als Mensch mit einem definierten Milz-Zentrum verfügst du über gute Instinkte und kannst dich auf deine Intuition verlassen. Dein Körper spricht gewissermaßen mit dir. Über feine Signale gibt er dir zu verstehen, was gesund für dich ist und was nicht. Wahrnehmbar wird dies als eine Art Vorahnung, als gutes Gefühl, als Wohlsein – oder eben als ungutes Gefühl oder Unwohlsein. Deine Körpersinne sind von Natur aus wachsam und so witterst du Gefahr schon von Weitem. Je nach Art deiner Definition erkennst du problemlos verdorbene Speisen am Geruch und Geschmack oder du weißt instinktiv, wem du vertrauen kannst und wem nicht. Vielleicht hast du auch ein sicheres Gespür dafür, welche Geschäfte Erfolg versprechen und wovon man besser die Finger lassen sollte.

Das Milz-Zentrum bietet dir in vielen Situationen einen grundlegenden Schutz.

Dank deiner Milzdefinition ist dein Körper mit einer Art gesundheitlichem Frühwarnsystem ausgestattet. So wirst du als Milz-Mensch kaum freiwillig zu leicht angezogen in der Kälte verweilen oder zu lange in der Zugluft sitzen. Dein Körper reagiert in solchen Situationen mit einem Unwohlsein und sorgt so für eine Reaktion. Zudem verfügst du über ein zuverlässig arbeitendes, stabiles Immunsystem. Gut möglich, dass du zu den Menschen gehörst, die selten krank werden – aber wenn, dann so richtig.

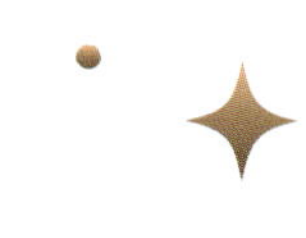

Tipps für das *definierte* Milz-Zentrum

- *Vertraue den Impulsen deines Körpers.*
- *Höre auf deine Intuition.*
- *Verbinde dich mit deiner Körperweisheit.*
- *Sei achtsam.*
- *Die Impulse der Milz sind leise und einmalig.*

Solange alles in Ordnung ist, vermittelt das definierte Milz-Zentrum dir ein Gefühl von körperlicher Sicherheit und Präsenz – und das strahlst du auch aus. Du brauchst niemand anderen, um dich in deinem Körper wohl und behütet zu fühlen. Da du dich auf deine körperlichen Instinkte verlassen kannst, verfügst du auch über einen gesegneten Schlaf. Sollte Gefahr drohen, würde dein Körper dich schon wecken.

Der Körper ist weise.

Deine definierte Milz schenkt dir ein grundlegendes Wohlbefinden im eigenen Körper, in der eigenen Haut. Doch das ist dir, wie den meisten Milz-Menschen, wahrscheinlich gar nicht bewusst: Für dich ist dieses Körpergefühl ja ganz selbstverständlich und du kannst dir gar nicht vorstellen, dass es für deine Mitmenschen anders sein könnte.

Worin besteht die Schwierigkeit für Menschen mit einem definierten Milz-Zentrum?

Viele Menschen haben verlernt, ihre Körpersignale wahr- und vor allem auch ernst zu nehmen. Allzu oft ist der Verstand lauter, drängt die feinen Impulse beiseite und übernimmt die Führung. Geht es dann schief, kommt unweigerlich dieser eine, wohlbekannte Gedanke: „Ich habe es doch geahnt." Und während dein Verstand dir dann vorgaukelt, im Nachhinein sei man immer schlauer, weißt du es tief in dir besser. Du hast Vorahnungen und auf die darfst du dich verlassen! Sie sind dein bester Schutz. Eben darum ist es so wichtig, dass du Kontakt zu deinem Körperbewusstsein aufnimmst und (wieder) lernst, es als weise Instanz zu respektieren.

→ Experiment
Achte eine Woche lang verstärkt auf deine Körperwahrnehmungen. In welchen Situationen schaltet sich dein Körper ein? Über welche Sinne kommuniziert er mit dir?

Wie nutzt du dein *definiertes* Milz-Zentrum?

Funktional

Du bist dir deines körpereigenen Frühwarnsystems bewusst. Du nimmst die feinen Impulse der Milz wahr und respektierst deine Instinkte. Statt rationale Begründungen zu suchen, verlässt du dich auf deine Körperweisheit und erlaubst deiner Milz, ihre Schutzfunktion zu erfüllen.

Dysfunktional

Du überhörst oder ignorierst die feinen Impulse deiner Milz, weil dein Verstand lauter ist. Deine körpereigene Schutzfunktion und Intelligenz bleiben ungenutzt. Unschöne Erfahrungen an deren Ende ein „Ich habe es doch gewusst!" steht, sind die Folge.

Das *offene* *Milz*-Zentrum

45 % der Menschen haben ein offenes Milz-Zentrum.

Ohne Jacke nach draußen, vom Nachbarshund gebissen, sich den Magen mit viel zu vielen Süßigkeiten verdorben? Die Auswirkungen des undefinierten Milz-Zentrums lassen sich bei Kindern sehr gut beobachten.

Ist dein Milz-Zentrum offen, verfügst du über kein körpereigenes Frühwarnsystem, auf das du dich verlassen kannst. Du hast kein konstantes Gespür dafür, was gesund für dich und deinen Körper ist und was nicht. Menschen mit offenem Milz-Zentrum treffen oft gesundheitsgefährdende Entscheidungen. Kennst du das von dir? Kann es beispielsweise sein, dass du manchmal zu leicht bekleidet in die Kälte hinausgehst – und das selbst gar nicht merkst? Oder hast du Probleme damit, verdorbene Lebensmittel am Geruch zu erkennen? Vielleicht hast du dich auch schon öfter auf Menschen eingelassen und an diesen festgehalten, die dir nicht guttaten? Derartige Fehlentscheidungen können in deinem offenen Milz-Zentrum begründet sein. Dir fehlt manchmal einfach die warnende Instanz deiner Körperintelligenz. Als Mensch mit offenem Milz-Zentrum lernst du nach und nach, was gut für dich ist.

Definierte Milz-Zentren wirken sehr anziehend – und können abhängig machen.

„Ist doch alles halb so wild. Ich gebe so schnell nicht auf. Das wird schon wieder." Menschen mit offenem Milz-Zentrum bleiben oft länger in einer vermeintlich sicheren Verbindung als ihnen guttut, und lösen diese erst, wenn adäquater Ersatz gefunden wurde.

Das inkonsistente Körpergefühl kann eine latente Unsicherheit im Jetzt verursachen. So kann es gut sein, dass du ungerne alleine bist, bzw. dass du dich in Gesellschaft anderer rein körperlich wohler fühlst. Und genau hier liegt auch die Schönheit deines offenes Milz-Zentrums: Du bist in der Lage, dich mit dem Körpergefühl der Menschen in deiner Umgebung zu verbinden – und es sogar noch zu verstärken. Du darfst also die unterschiedlichsten Arten von Körperbewusstsein, Instinkt, Intuition und Urteilsvermögen erfahren. Dabei kann gerade das wohlige und sichere Körpergefühl eines Menschen mit einem definierten Milz-Zentrum sehr anziehend auf dich wirken. Im Zusammensein stellt sich dann ein großes Wohlgefühl ein, was eine wundervolle Win-win-Situation für beide Partner sein kann. Aber Achtung: Gerade für den Menschen mit dem offenen Milz-Zentrum kann sich daraus auch eine Art Abhängigkeit entwickeln. Nur um das wohlige, sichere Körpergefühl zu erhalten, verdrängst du unbewusst alles, was eigentlich längst gegen die Verbindung spricht.

Tipps für das *offene* Milz-Zentrum

- *Frage dich regelmäßig: An wem oder an was halte ich noch fest, obwohl es nicht gut für mich ist?*
- *Gönne dir Zeit in der Natur, um dich von ungesunden Fremdeinflüssen zu reinigen.*
- *Nutze die Potenziale der Naturheilkunde.*
- *Lass dich bei Entscheidungen nicht von Angst leiten.*

Und so hängen Menschen mit offenem Milz-Zentrum aus einer Art falschem Sicherheitsbestreben häufig viel zu lange in Situationen, Beziehungen und Umgebungen fest, die sie längst nicht mehr glücklich machen – oder ihnen sogar schaden. Kommt dir das bekannt vor? Wenn du ein offenes Milz-Zentrum hast, solltest du dich von Zeit zu Zeit selbst hinterfragen: Gibt es etwas in meinem Leben, an dem ich noch festhalte, obwohl es nicht mehr gut für mich ist?

Dass man einfach nicht loslassen konnte, erkennt man oftmals erst sehr viel später – wenn überhaupt.

Die Gabe des offenen Milz-Zentrums

Wie allen offenen Zentren wohnt auch dem undefinierten Milz-Zentrum eine besondere Gabe inne. Du darfst deinen Körper wie einen Resonanzraum verstehen, mit dem du die Milz-Energien deines Umfelds aufnimmst. Fühlen sich die Menschen um dich herum wohl und sind gesund, geht es auch dir gut. Ist das Gegenteil der Fall, spürst du das. Das kann so weit gehen, dass du die Erkrankung eines Gegenübers bereits wahrnimmst, wenn der Betroffene selbst noch keine Symptome verspürt. Diese Fähigkeit birgt ein großes Potenzial: das des Diagnostikers und Heilers. Nicht zufällig sind viele Menschen mit offenem Milz-Zentrum in Heilberufen anzutreffen.

Du erkennst über deine eigene Körperwahrnehmung, wie es deinem Gegenüber gesundheitlich geht.

Achtung: Auch wenn du genau spürst, wie es deinen Mitmenschen gesundheitlich geht, bist du nicht für deren körperliches Befinden zuständig! Hier droht eine energetische Falle: Aus dem Bedürfnis heraus, das Unwohlsein anderer zu lindern, bemühst du dich zu sehr um Verbesserung und nimmst zu viel auf dich. Hier ist es wichtig, dich achtsam zu schützen und deine Gabe stets weise und feinfühlig einzusetzen. So kannst du Menschen wirklich punktgenau helfen, ohne dich zu sehr zu verausgaben.

Da du in deinem offenen Zentrum viel von deiner Umwelt aufnimmst, solltest du regelmäßig zum Entgiften in die Natur gehen. Hier kannst du alle Fremdenergien abfließen lassen und zu dir selbst zurückkehren. Du bist generell ausgesprochen empfänglich für die heilende Wirkung der Natur. Es kann sich für dich lohnen und gesünder sein, bei Medikamenten vermehrt auf Mittel der Naturheilkunde zu setzen.

→ Experiment
Beobachte in den nächsten Wochen, ob dich in Anwesenheit anderer ein körperliches Unwohlsein überkommt – vielleicht Kopfschmerzen, Unruhe, Übelkeit. Dann verlasse die Aura des anderen. Sollte das Gefühl verschwinden, kann es gut sein, dass dein Gegenüber genau daran leidet. Frag doch einmal behutsam nach.

Wie nutzt du dein *offenes* Milz-Zentrum?

Funktional

Du nimmst das körperliche Befinden anderer feinfühlig wahr, ohne automatisch in die Helferrolle zu schlüpfen. In Beziehungen und Situationen achtest du gut auf dich und beendest sie, sobald sie dir nicht mehr guttun. Um die ungesunden Energien der anderen loszuwerden, gönnst du dir regelmäßig Detox-Spaziergänge im Wald.

Dysfunktional

Du lässt dich vom körperlichen Unwohlsein anderer beeinflussen und versuchst es zu kompensieren. Aus einem falschen Sicherheitsbestreben hältst du an Menschen, Dingen und Situationen fest, die dir nicht guttun.

Logbuch: Erkunde die Insel. Zeit für eigene Entdeckungen

Datum ___________

Die folgenden Anregungen können dich besser mit deinem Milz-Zentrum in Verbindung bringen. Nimm sie mit in deinen Alltag und versuche die Energie in deinem Körper wahrzunehmen.

1. *Wann und wie teilt dein Körper dir mit, dass er sich nicht wohlfühlt (z. B. Hunger, Durst, Müdigkeit, zu kalt, zu warm, drückende Schuhe, kratzender Pullover etc.)? Beobachte die Signale und notiere einige Beispiele.*

2. *Konntest du schon einmal jemand anderen auf Anhieb „nicht riechen"? Oder ist dir ein körperlicher Kontakt, wie z. B. der Händedruck direkt unangenehm aufgefallen? Beschreibe die Umstände genauer.*

3. *Kannst du erschnuppern oder erschmecken, welche Nahrungsmittel dir guttun und welche nicht? Nenne einige Beispiele.*

4. *Schläfst du gerne und problemlos alleine im Raum ein und durch? Erläutere deine Antwort.*

5. *Stört es dich, wenn andere ungesund leben? Warum?*

6. Wo versuchst du anderen zu helfen, statt auf dich selbst zu achten? Nenne entsprechende Situationen.

7. Fühlst du dich alleine geborgen und sicher oder bevorzugst du die Nähe geliebter Menschen? Warum ist das so?

8. Kennst du Situationen, in denen du trotz eines unguten Gefühls etwas gemacht hast, das schiefging und du hinterher dachtest: „Ich hab es doch geahnt?" Beschreibe die Situationen.

9. Kannst du dich gut von Menschen, Orten und Dingen trennen, wenn du innerlich spürst, dass sie dir nicht mehr guttun? Nenne Beispiele, in denen es so war bzw. nicht so war.

10. Kennst du spontane Impulse aus dem Körper? Zum Beispiel eine Gänsehaut als Anzeichen voller Präsenz?

11. Welche Rolle spielen die Themen Körper und Gesundheit in deinem Leben?

Das *Ego-Zentrum*

Das Ego-Zentrum ist ein sehr potenter Motor, der Willenskraft produziert und unseren Selbstwert anfeuert. Bei Bedarf stellt es eine Extra-Portion Durchsetzungskraft zur Verfügung.

Der Turbo-Motor für den Extraschub Energie.

Klein, aber oho: Wenn wir uns das Sakral-Zentrum als Tanker für die Langstrecke vorstellen, ist das Ego-Zentrum unser Speedboat: Hier dürfen wir für kurze Strecken noch mal extra aufs Gas drücken. Aber Achtung: Als Turbo-Antrieb eignet sich das Ego-Zentrum wirklich nur für den Sprint. Danach braucht der Motor eine Pause, um sich zu erholen und seine Erfolge zu genießen.

Das Ego-Zentrum springt nur an, wenn es bekommt, was es will.

Beim Ego-Zentrum haben wir es mit reiner Willenskraft zu tun: mit jener Energie, die es ermöglicht, uns Ziele zu stecken und diese auch zu erreichen. Sobald das Ego-Zentrum involviert ist, sind wir im wahrsten Sinne mit ganzem Herzen dabei. Nicht umsonst wird es auch Herz-Zentrum genannt. Wir haben die Stärke, wirklich für unsere Interessen einzustehen. Mutig und selbstbewusst überwinden wir jede Schwierigkeit und Hürde. Die Bedingung dafür ist: Der Anreiz muss stimmen! Das Ego-Zentrum stellt seine Energie längst nicht für alles und jeden zur Verfügung: Das Ziel muss den Aufwand schon wert sein.

Dabei verfügt das Ego-Zentrum über keine eigene Bewusstheit. Es stellt die Kraft für die Zielerreichung zwar zur Verfügung, die Ziele aber setzt es nicht. Diese entstehen woanders – im besten Fall in Abstimmung von Strategie und innerer Autorität. Fatalerweise lassen viele Menschen ihren Verstand dazwischenfunken: Sie setzen sich rationale Ziele und vergeuden ihre Ego-Power dann damit, diese zu erreichen. Das schaffen sie auch, nur das ersehnte nachhaltige Glück, das will sich einfach nicht einstellen. Deshalb ist es wichtig, gut in Verbindung mit dem eigenen Herzen und seiner Autorität zu sein.

Nur 30 % der Menschen haben ein definiertes Ego-Zentrum. Das entbehrt nicht einer gewissen Ironie, schaut man sich an, wie unsere Leistungsgesellschaft aufgestellt ist: Denn wollen oder sollen wir nicht alle willensstark und materiell erfolgreich sein? Dieser im System angelegte Wettbewerb ist ziemlich unfair, wenn man bedenkt, dass die Mehrheit der Menschen gar nicht dafür ausgestattet ist. Ohne den entsprechenden Motor fehlt ihnen nicht nur die Energie, sie haben auch kein Gespür dafür, wann sie wie viel geben müssen und wann es genug ist. Sie erreichen gewissermaßen nie in stimmiger Balance aus Geben und Nehmen das Ziel.

30 % der Menschen haben ein definiertes Ego-Zentrum – und die anderen 70 % hätten es gerne.

Auf der anderen Seite machen es auch die 30 %, die im Leben kraftvoll ihren Willen durchsetzen, irgendwie niemandem recht. In einem System, das genau für sie ausgelegt ist, gelten sie am Ende oft als rücksichtslose Egoisten. Es ist ein Paradox unserer Zeit, dass Willenskraft und Zielstrebigkeit auf der einen Seite schon in der Schule anerzogen werden, während die Durchsetzung eigener Interessen, die (per definitionem) oft ohne Rücksicht auf andere erfolgen muss, ein eher negatives Image hat.

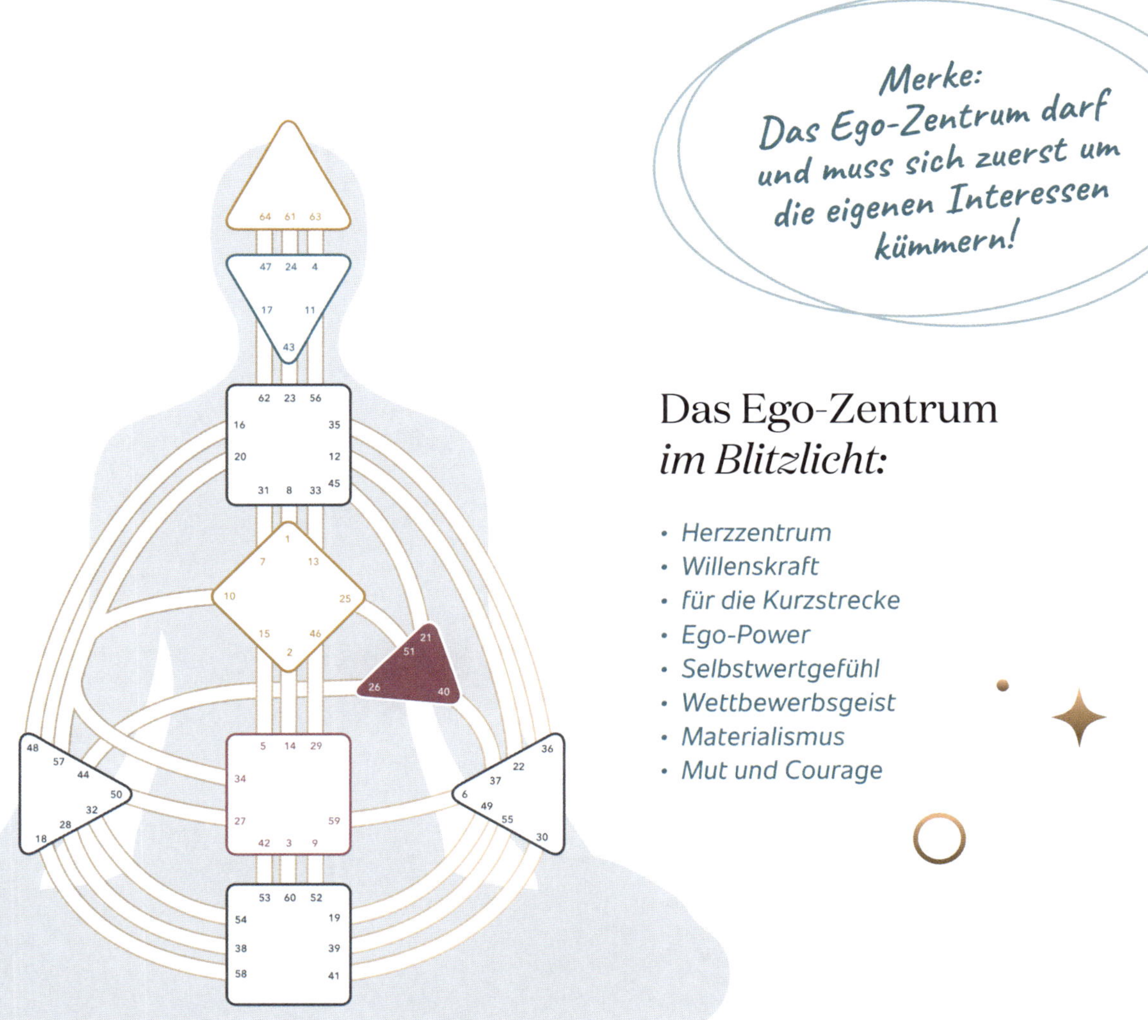

Merke:
Das Ego-Zentrum darf und muss sich zuerst um die eigenen Interessen kümmern!

Das Ego-Zentrum *im Blitzlicht:*

- *Herzzentrum*
- *Willenskraft*
- *für die Kurzstrecke*
- *Ego-Power*
- *Selbstwertgefühl*
- *Wettbewerbsgeist*
- *Materialismus*
- *Mut und Courage*

Das *definierte* *Ego*-Zentrum

30 % der Menschen haben ein definiertes Ego-Zentrum.

Antreten, um zu gewinnen.

Ist dein Ego-Zentrum definiert, mangelt es dir nicht an Willenskraft. Es fällt dir wahrscheinlich leicht, dir Ziele zu setzen und diese auch zu erreichen. Ein gewisser Wettbewerb bereitet dir Freude – am meisten natürlich, wenn du gewinnst. Du weißt genau, wofür du deine Energie einsetzen möchtest und wofür nicht. Wenn du dir etwas vorgenommen hast, schaffst du das auch – und seien da noch so viele Hindernisse. Solange sich der Einsatz deiner Meinung nach lohnt, bleibst du am Ball. Da kann dich so ziemlich nichts und niemand aufhalten. Mit deiner Power und Durchsetzungskraft fällt es dir leicht, auch andere mitzureißen.

Ja heißt Ja. Und Versprechen werden gehalten.

Gleichzeitig verfügst du über ein konsistentes Selbstwertgefühl: Du weißt, was dein Einsatz wert ist. Ohne eine stimmige Gegenleistung läuft bei dir nichts – und das ist genau richtig. Diese Gewissheit verleiht dir die Stärke, zu unnützem Energieeinsatz „Nein“ zu sagen, egal, was andere darüber denken mögen. Das ist ein wichtiger Schutzmechanismus für dich. Denn allzu leichtfertiges Ja-Sagen würde dich ganz schön in die Bredouille bringen. Typisch für das definierte Ego ist es, einmal gemachte Zusagen sehr ernst zu nehmen. Das ist fast schon eine Frage der Ehre.

Tipps für das *definierte* Ego-Zentrum

- *Es ist okay, wenn du dich zuerst um deine eigenen Interessen kümmerst.*
- *Nutze deine Power für deine Interessen, nicht für die anderer.*
- *Es sind deine Ziele, setze damit nicht andere unter Druck.*
- *Verwende die Ego-Power im Einklang mit deiner Strategie und Autorität.*
- *Deine Ego-Power ist dein Turbo für die Kurzstrecke. Nutze diesen Extra-Antrieb achtsam, z. B. um ein Projekt zu Ende zu bringen.*
- *Gönne dir ausreichend Pausen.*

Damit ist auch eine Gefahr des definierten Egos verbunden: So kann es für dich manchmal schwer sein zu akzeptieren, dass etwas nicht umsetzbar ist. Wenn der Motor läuft, ist er schwer zu bremsen. Hinzu kommt – je nach Definition –, dass du manchmal sehr unnachgiebig gegenüber anderen sein kannst, wenn diese ihre (vermeintlichen) Zusagen nicht einhalten. Denn nicht alles, was für dich ein Ehrenwort ist, hat auch für andere diese Bedeutung. Es ist wichtig für dich zu erkennen, dass die meisten Menschen weder deine Willenskraft haben noch deinen Sinn für Verbindlichkeit.

Dein gesundes Selbstwertgefühl schützt dich vor allzu starkem Vergleichsdruck: Du weißt, was du kannst und was du nicht kannst. Niederlagen mögen dich beschäftigen (du verlierst eben nicht gerne), aber was andere dazu sagen, interessiert dich wenig. Das macht dich sehr unabhängig – auch wenn dir das vielleicht nicht bewusst ist. Deine Selbstachtung ist nicht an das Urteil anderer gebunden. Du musst niemandem etwas beweisen, nur dir selbst. Und was das ist, bestimmst du. Folgerichtig sind Menschen mit definiertem Ego-Zentrum meistens deutlich weniger empfänglich für das Lob und die Anerkennung anderer. Sie suchen ihren Wert und ihre Wertschätzung nicht im Außen. Sie tragen sie in sich.

Die eigene Kraft involvieren, nur um es anderen zu beweisen? Das macht das definierte Ego nicht mit.

Dein Gespür für Wert und Gegenwert erstreckt sich auch auf das Materielle. Bestimmt kannst du gut mit Geld umgehen und schleuderst es nicht heraus. Dabei bist du durchaus bereit zu investieren – aber eben nur, wenn es sich lohnt. Und für lohnenswerte Geschäfte hast du ein untrügliches Gespür. Gut möglich, dass du ein richtiges Verhandlungstalent bist.

Investitionen, die sich lohnen.

→ Experiment
Beobachte, wann und in welchen Situationen du eine Art Wettbewerbsgeist verspürst und was das mit dir macht.

Wie nutzt du dein *definiertes* Ego-Zentrum?

Funktional

Du involvierst die Kraft deines Egos nur, wenn deine innere Autorität „Ja“ sagt. Nach jedem Sprint machst du eine ausgiebige Pause. Du reißt andere mit deiner Power mit, ohne sie unter Druck zu setzen. Du realisierst, dass nicht jeder über deine Energie verfügt. Du genießt den gesunden Wettbewerb, bleibst dabei aber in Verbindung mit dir und deinem Körper.

Dysfunktional

Du setzt deine Ziele mit dem Verstand. Du willst immer nur das Eigene durchsetzen und setzt andere dabei stark unter Druck, ohne das auch nur wahrzunehmen. Du willst um jeden Preis gewinnen. Aus lauter Ehrgeiz ignorierst du deinen Körper.

Das *offene* *Ego*-Zentrum

70 % der Menschen haben ein offenes Ego-Zentrum.

Dein Selbstwert ist abhängig vom Außen.

Wenn dein Ego-Zentrum nicht definiert ist, gehörst du zu jenem Großteil der Menscheit, der über kein stabiles Selbstwertgefühl verfügt. Dir fehlt ein verlässlicher innerer Bezugspunkt, an dem du deinen Wert ausrichten kannst. Also suchst du ihn im Außen: in der Anerkennung anderer. Deine Arbeit, deine Leistungen, ja, dein Selbst erhalten ihren für dich fühlbaren Wert erst im Umweg über die Spiegelung im Außen. Lob kann dich in den Himmel heben und dir ein unbeschreibliches Wohlgefühl vermitteln. Kritik hingegen kann dich am Boden zerstören und ein Gefühl von Sinn- und Nutzlosigkeit hinterlassen. In unserer gegenwärtigen Leistungsgesellschaft verwundert es wenig, dass das offene Ego der Fehlmotivator Nummer eins ist: Nirgendwo geraten wir leichter in Versuchung, uns von unserem Weg ablenken zu lassen als hier. Nirgendwo handeln und entscheiden wir so oft entgegen unserer inneren Autorität. Und alles nur, weil wir uns danach sehnen, etwas wert und anerkannt zu sein.

Leistest du oft mehr als alle anderen? Mutest du dir zu viel zu und verlangst viel zu wenig dafür?

Menschen mit einem offenen Ego-Zentrum wissen nicht, was ihre Leistung, ihr Energieaufwand wert ist. Es ist daher typisch für sie, bei der Arbeit, beim Sport oder in anderen Leistungssituationen deutlich mehr zu geben, als gut für sie ist – oder im Gegenteil – viel zu viel zu erwarten. Beides hilft nicht, sich in der materiellen Welt durchzusetzen. Da hilft nur: Bewusst machen, beobachten und lernen.

Tipps für das offene Ego-Zentrum

- *Überlasse das Kämpfen und den Wettbewerb den anderen.*
- *Entspann dich: Du bist weder dafür da, dich ständig mit anderen zu messen, noch fordern die anderen dich wirklich dazu heraus.*
- *Gib keine Versprechen: Du weißt nicht, ob du sie halten kannst.*
- *Nimm es mit Humor: Du wirst immer wieder auf dein offenes Ego reinfallen.*
- *Steige aus dem Vergleichsmarathon mit anderen aus und erkenne deine Einzigartigkeit.*

Natürlich macht das offene Ego-Zentrum sich auch im zwischenmenschlichen Kontakt bemerkbar. So kann es gut sein, dass du dich durch Menschen mit einem definierten Ego-Zentrum irgendwie herausgefordert, vielleicht sogar angegriffen fühlst. Du gerätst unwillkürlich in einen Wettbewerbsmodus und nimmst das deinem Gegenüber vielleicht sogar noch übel. Was da passiert, ist dasselbe wie in allen offenen Zentren: Du nimmst die Energie deines Gegenübers in dir wahr und beziehst sie auf dich. Fakt aber ist: Dieser Kampfmodus gehört nicht zu dir, er hat noch nicht einmal etwas mit dir zu tun.

Merke: Die Ego-Energie der anderen ist keine Herausforderung an dich!

Neben dem mangelnden Selbstwertgefühl gibt es eine weitere Falle für das offene Ego-Zentrum: die Willenskraft. Auch diese steht dir nicht zuverlässig zur Verfügung. Je nach kosmischen Einfluss und Umgebung ist sie mal da, mal nicht. Zum Problem wird das, wenn du dir etwas Konkretes vornimmst, dir Ziele setzt oder Versprechungen abgibst. Du kannst einfach nie zu 100 % sicher sein, ob die Power da sein wird, um deine Vorhaben durchzuziehen. Der Lohn ist dann Frust – und die unweigerliche Frage: Warum habe ich mich bloß darauf eingelassen? Am besten ist es daher für dich, derartige Zusagen gar nicht erst zu machen. Denn all die Energie, die du an falsche Versprechungen oder vermeintliche Selbstwertprojekte verschwendest, kannst du viel besser einsetzen – in Einklang mit Strategie und Autorität, für das, was dir wirklich liegt.

Du bist nicht hier, um etwas zu beweisen – weder dir selbst noch anderen.

Und was macht man jetzt mit dem offenen Ego? Wofür ist es nützlich?

Das offene Ego ist ein Sammelbecken für negative Glaubenssätze und Minderwertigkeitsgefühle. Es ist Zeit, den Stöpsel zu ziehen. Denn das offene Ego ist nicht zum Mitmischen, sondern zum Beobachten da. Du bist talentiert darin, wahrzunehmen, worum es deinen egodefinierten Mitmenschen (wirklich) geht. Du spürst, ob sie ihre Energie für authentische Ziele einsetzen oder nicht. Das kann dir helfen, die richtigen Leistungsträger für bestimmte Anliegen zu finden. Und es kann dich davor bewahren, auf Verführungen anderer reinzufallen.

→ Experiment
Beobachte in den nächsten Wochen, wann du das Gefühl hast, irgendwie mithalten zu müssen. Und dann steig aus dem Wettbewerbsgedanken aus. Was passiert?

Wie nutzt du dein *offenes* Ego-Zentrum?

Funktional

Du bist im Frieden damit, es niemandem beweisen zu müssen. Du gehst keine Verpflichtungen ein, die dir nicht entsprechen, bzw. steigst aus, wenn es zu viel wird. Du handelst nicht aus dem offenen Ego heraus, sondern folgst deiner Strategie und Autorität.

Dysfunktional

Du versuchst deinen eigenen Wert durch Kontrolle, Mut oder Wettbewerb zu beweisen. Du vergleichst dich mit anderen und bist ständig auf der Jagd nach Lob und Anerkennung im Außen. Du verausgabst dich für Ziele, die gar nicht deine sind – und wartest vergeblich darauf, dass das Erfolgsgefühl eintritt.

Logbuch: Erkunde die Insel. Zeit für eigene Entdeckungen

Datum ____________

Die folgenden Fragen können dir helfen, die Energie deines Ego-Zentrums wahrzunehmen. Nimm dir genug Zeit für ihre Beantwortung und spüre immer wieder in deinen Körper hinein.

1. *Wie empfindest du Wettbewerbssituationen? Wie fühlen sie sich körperlich für dich an? Wie verhältst du dich?*

2. *Wie sehr geht es dir darum, in einem Spiel zu gewinnen?*

4. *Übernimmst du oft besonders herausfordernde Aufgaben und hast dann das Gefühl, es einfach „schaffen zu müssen“? Vielleicht willst du auch einfach beweisen, dass du es kannst? Spüre in den Herzraum. Was macht das mit dir, was nimmst du wahr?*

3. *Kannst du gut „Nein“ sagen? Was bedeutet ein „Ja“ von dir?*

5. *Wie wichtig ist dir das Feedback von anderen? Wie fühlt sich ein positives Feedback an und was bewirkt es? Wie sieht es bei einem negativen Feedback aus? Wie gehst du damit um?*

6. *Was passiert, wenn du dir ein neues Ziel setzt, z. B. dreimal die Woche zum Yoga, Spanisch lernen, die Wohnung ordentlich halten … Erreichst du derartige Ziele mit Leichtigkeit? Immer? Nie? Mit Freude? Mit Frust? Beschreibe.*

7. *Hast du oft das Gefühl, noch besser werden zu müssen? Wie und in welchen Bereichen äußert sich das?*

8. Wann und wo vergleichst du dich mit anderen und was macht dieser Vergleich mit dir?

9. Fühlst du dich durch andere manchmal auf eine diffuse Art herausgefordert? Beschreibe.

10. Hast du Dinge in deinem Leben gemacht, um es anderen zu beweisen? Beschreibe, wie es dir damals und im Nachhinein damit ergangen ist.

Das *Emotional-Zentrum*

Echte Gefühle

Das Emotional-Zentrum ist zugleich Motor- und Bewusstheitszentrum. Es ist ein kraftvoller Ort in uns, dessen Signale unüberhörbar sind und der einen großen Einfluss auf unser Handeln und Sein hat.

E-motion = Energie in Bewegung.

Das Emotional-Zentrum (auch: Solarplexus) ist der Ort, an dem unsere Stimmungen entstehen. Ist es am Werk, agiert es mit einer Wucht, die uns bewegt. Als Motor produziert es Energie in Form einer emotionalen Welle, die in ihrem ständigen Auf und Ab das ganz Spektrum emotionaler Seins-Zustände erzeugt. Von Hoffnung bis Schmerz, von Begeisterung bis Trauer, von Seligkeit bis Verzweiflung: Hier haben alle Gefühlslagen ihren Ursprung. Hier wohnen unsere Sehnsüchte und Träume. Hier sitzt die Nostalgie, hier sind Romantik, Sinnlichkeit, Leidenschaft und das körperliche Begehren zu Hause. All dies macht den Solarplexus zu einem so faszinierenden wie einflussreichen Zentrum. Denn wer seine Funktionsweise und damit seinen Einfluss auf unser Leben und das menschliche Miteinander versteht, kann ganz neue Sichtweisen auf die Dynamiken in Beziehungen, Familien, Freundschaften, Partnerschaften erlangen.

Die Entdeckung des Emotional-Zentrums kann den Blick auf dein ganzes Leben verändern.

Das erste große Aha-Erlebnis im Zusammenhang mit dem Emotional-Zentrum ist zu verstehen, dass es zwei grundlegende verschiedene Arten der emotionalen Veranlagung gibt: Je nachdem, ob ein Mensch emotional definiert ist oder nicht, erlebt er Emotionalität auf ganz unterschiedliche Weise. So zählen diejenigen mit definiertem Emotional-Zentrum gewissermaßen zu den Stimmungsmachern, während die anderen, die emotional offen sind, die Emotionen aus dem Außen aufnehmen.

Zur Begriffsverwendung: Emotionen, Stimmungen, Gefühle

Um Missverständnissen vorzubeugen: Wenn wir im Human Design-Kontext davon sprechen, dass manche Menschen emotional sind und andere nicht, beziehen wir uns dabei ausdrücklich nicht auf Gefühle im Allgemeinen. Denn natürlich hat jeder Mensch Gefühle! Emotionalität verstehen wir im Sinne einer „inneren Gestimmtheit“, als Launen, Gefühlslagen, Stimmungen. Wir gehen davon aus, dass emotional definierte Menschen diese selbst hervorbringen und so auch aus sich selbst heraus empfinden, während die anderen, undefinierten Menschen eher über einen ausgeglichenen, kühlen emotionalen Grundzustand verfügen.

Die einen reiten auf ihrer emotionalen Welle durchs Leben – die anderen versuchen vor allem Land zu gewinnen.

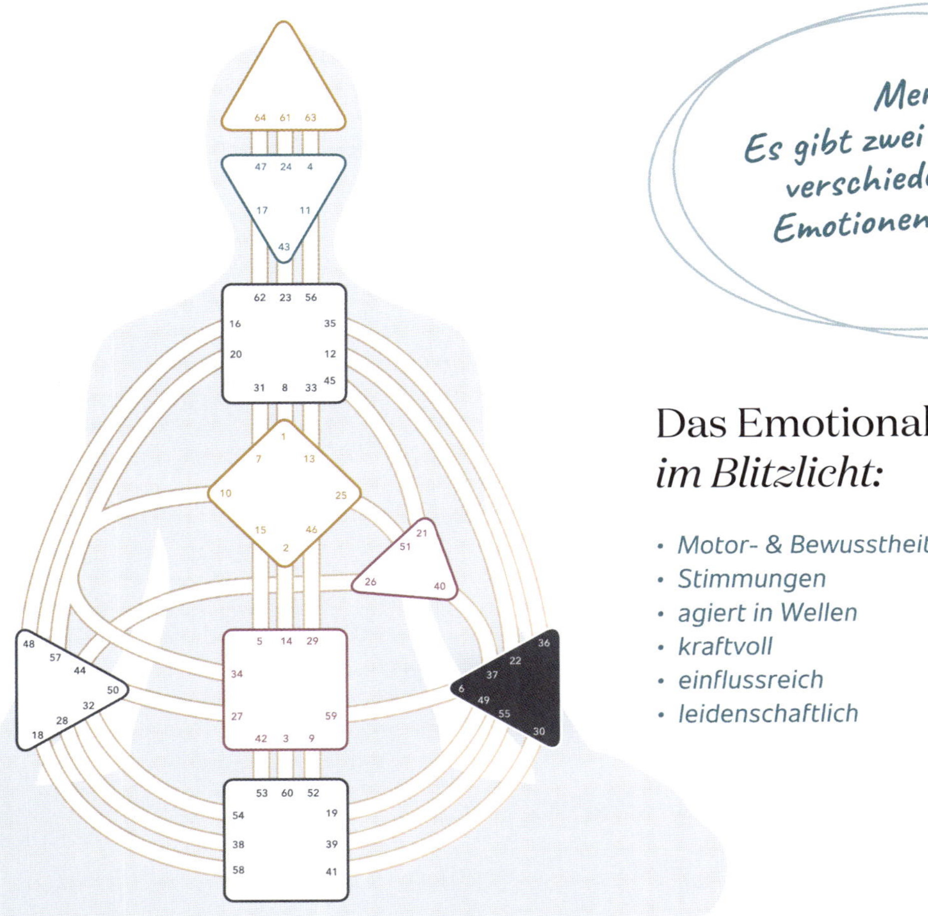

Merke:
Es gibt zwei grundlegend verschiedene Arten, Emotionen zu erleben.

Das Emotional-Zentrum *im Blitzlicht:*

- *Motor- & Bewusstheitszentrum*
- *Stimmungen*
- *agiert in Wellen*
- *kraftvoll*
- *einflussreich*
- *leidenschaftlich*

Wo im Körper wohnen eigentlich die Emotionen?

Das Emotional-Zentrum ist der Bauchspeicheldrüse, der Lunge und dem Nervensystem zugeordnet. Ausdrücke wie „etwas schlägt einem auf den Magen“, „da dreht sich einem der Magen um“ oder „das nimmt mir die Luft“ kommen nicht von irgendwoher. Auch Appetitlosigkeit oder Essanfälle hängen nicht selten mit einem unausgeglichenen Emotional-Zentrum zusammen. Oft reduzieren wir die Atmung, um Gefühle auszublenden. Wollen wir unseren Gefühlen näher kommen, hilft es daher, zunächst einmal tief zu atmen.

Das *definierte* *Emotional*-Zentrum

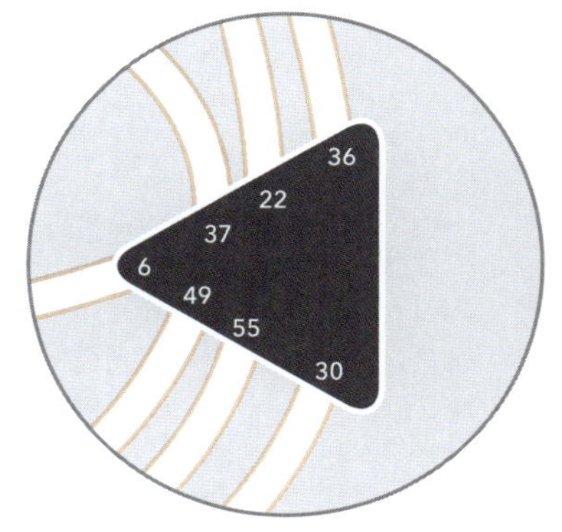

51 % der Menschen haben ein definiertes Emotional-Zentrum.

Es ist wichtig zu verstehen: Emotional definierte Menschen können ihre Stimmung nicht beeinflussen. Ihre Launen entstehen einfach aus der Aktivität des Emotional-Zentrums heraus.

Ist dein Emotional-Zentrum definiert, verfügst du über eine individuell festgelegte emotionale Welle. Deine Stimmungen oder emotionale Befindlichkeiten schwanken auch ohne äußere Anlässe, ganz allein aus der Aktivität deines emotionalen Motors heraus. An einem Morgen wachst du auf und könntest schon vor dem Aufstehen die Welt umarmen. Alles und jeder erscheint in einem rosaroten Licht und dein Solarplexus schenkt dir eine Extra-Portion Energie: zum Bäume-Ausreißen, zum Pferde-Stehlen. Heute bist du für alles zu haben!

Am nächsten Tag kann alles anders aussehen. Obwohl die Grundbedingungen dieselben sind, wirkt die Welt grau und trist. Dir ist alles zu viel, alles wirkt irgendwie falsch. Deine ganze Grundhaltung ist eher negativ und am liebsten möchtest du einfach unter der Bettdecke bleiben und in Ruhe gelassen werden. An diesen Tagen ist nicht gut Kirschen essen mit dir. Und natürlich gibt es auch Tage dazwischen. Wichtig ist aber zu verstehen, dass dein Blick auf die Welt stets durch deine eigene Gestimmtheit, deine emotionale Brille gefärbt ist.

Oftmals denken emotional definierte Menschen ein Leben lang bzw. bis sie das Human Design System kennenlernen, sie seien irgendwie falsch.

Sicher fragst du dich jetzt, ob dass denn nicht für jeden Menschen gilt. Und die Antwort lautet: Nein. Ziemlich viele Menschen haben keine eigene emotionale Welle. Sie sind emotional offen und im natürlichen Zustand neutral gestimmt. Ihre Welt sieht an jedem Morgen zunächst immer gleich aus. Erst die Einflüsse von außen bringen die Färbungen ins Spiel. Das bedeutet, dass du mit deiner emotionalen Welle einen großen Einfluss auf emotional offene Menschen hast.

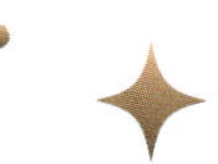

Tipps für das *definierte* Emotional-Zentrum

- *Nimm dir Zeit für wichtige Entscheidungen und betrachte sie von jedem Standpunkt der Welle aus.*
- *Nimm dich und deine Stimmungen ernst.*
- *Erlaube dir, deine Gefühle auszuleben und rede darüber.*
- *Auch Wellentäler gehören zu dir: Nimm auch schlechte Launen als dir zugehörig an.*
- *Im Spektrum all deiner Gefühle liegt deine Beauty.*

Du steckst andere mit deiner guten Laune regelrecht an – und nimmst sie bei schlechter Stimmung mit in dein Tief. (Mehr dazu in den Erläuterungen zum offenen Emotional-Zentrum). Dabei hast weder du selbst noch dein Umfeld einen echten Einfluss auf deine Grundstimmung. Wer herrscht, ist einzig und allein deine emotionale Welle – und die folgt ihrem ganz eigenen, festgelegten Rhythmus.

Emotional definierte Kinder – und warum sie ihre Stimmungen ausleben sollten.

Gerade im Kindesalter zeigen sich die unwillkürlichen Äußerungen des definierten Emotional-Zentrums mitunter recht kraftvoll: Wutausbrüche, Lachanfälle, Heulkrämpfe. Anders als die bereits wohlerzogenen Erwachsenen leben Kinder ihre Stimmungen noch ehrlich aus. Die kleinen Gefühlsbündel können einen total mitreißen und einen ganzen Raum energetisch aufladen – mit guter wie mit schlechter Laune. Und so kennen viele emotional definierte Menschen Sätze wie die folgenden nur zu gut aus ihrer Kindheit: *„Jetzt dreh nicht so am Rad!" „Reiß dich zusammen!" „Warum hast du schon wieder so schlechte Laune?" „Stell dich nicht so an!" „Du bist so anstrengend."* In vielen Familien herrscht angesichts der starken Emotionalität Verständnislosigkeit – sei es, weil die Erziehenden selbst unemotional sind, oder weil sie sich von ihren eigenen Emotionen abgegrenzt haben. Denn auch sie haben schon früh gelernt: „Du bist zu viel." „Du bist zu laut." „Du bist zu ... du."

Eine charakteristische Annahme emotional definierter Menschen ist: Ich emotional? Niemals!

Die Wucht der eigenen Emotionen und vor allem die Reaktionen des Umfelds darauf können für emotional definierte Menschen schwer zu ertragen sein. Und so beginnen sie, ihre Gefühle zu verdrängen: Deckel drauf, fertig. Sie passen sich an, sind brav und halten ihre Emotionen unter der Oberfläche. Über die Jahre verlieren sie den bewussten Bezug zu ihren Emotionen und glauben nicht selten von sich, völlig unemotional und cool zu sein. Was dahintersteht, ist nicht selten eine Furcht vor der Wucht der eigenen Emotionen und der Ablehnung, die einst damit einherging.

Du darfst deine Gefühle in vollem Umfang zulassen – und sie auskosten!

Geht es dir auch so? Kann es sein, dass du im tiefsten Inneren befürchtest, von deinen Gefühlen überschwemmt zu werden? Hast du Sorge, deinen Emotionen nicht standhalten zu können, ihnen hilflos ausgeliefert zu sein ? Dann realisiere eines: Deine Gefühle gehören zu dir – und du bist ihnen gewachsen!

Mehr noch: Deine Emotionalität ist eine deiner wertvollsten Gaben.

Der erste Schritt für emotional definierte Menschen ist, die eigene Emotionalität anzuerkennen, sie anzunehmen und zu respektieren.

Merke dir: Geht es um deine emotionale Welle, also die Energien des Solarplexus, gibt es kein Gut und Schlecht. Als emotional definierter Mensch bist du bestens dafür ausgestattet, durch dein reiches Gefühlsleben zu navigieren. Du darfst deine Launen akzeptieren – und mehr noch: Du darfst sie voll und ganz auskosten! Denn gerade in den Extremen liegt so viel Schönheit und Schöpfungskraft. Auf den Höhen wartet das jauchzende Leben, in den Tiefen verbirgt sich reiche Inspiration.

Wichtig: Menschen mit einem definierten Emotional-Zentrum sollten keine spontanen Entscheidungen treffen!

Ein Rat für Eltern mit emotional definierten Kindern: Mit ihnen offen über ihre Emotionen zu sprechen und ihnen so zu signalisieren: Du bist gut so, wie du bist. Deine Emotionen gehören zu dir. Du musst nicht immer gut drauf sein. Trau dich zu sagen, wie es dir geht und erlaube dir Rückzug. Auch ist es wichtig, den Kindern ausreichend Zeit für ihre Entscheidungen zu geben.

Deine emotionale Welle beinflusst deine Urteilsfähigkeit. Ideen, Situationen, Angebote, Menschen: Wer und was heute top ist, kann morgen schon ein Flop für dich sein. Es gibt keine Wahrheit im Jetzt, sondern immer nur die Momentaufnahme aus der aktuellen Stimmung heraus. Daher ist es wichtig für dich, dass du dir für Entscheidungen ausreichend Zeit nimmst, und sie gewissermaßen über den Verlauf deiner emotionalen Welle immer wieder abklopfst. Erst wenn sich dein Gefühl in Bezug auf eine Entscheidung nicht mehr ändert, ist die Zeit reif.

Lerne, deine Welle bewusst zu durchlaufen, statt mit geschlossenen Augen darunter wegzutauchen. Du wirst erleben, wie viel Fülle darin steckt

→ **Mehr dazu liest du auch im Kapitel zu den inneren Autoritäten.**

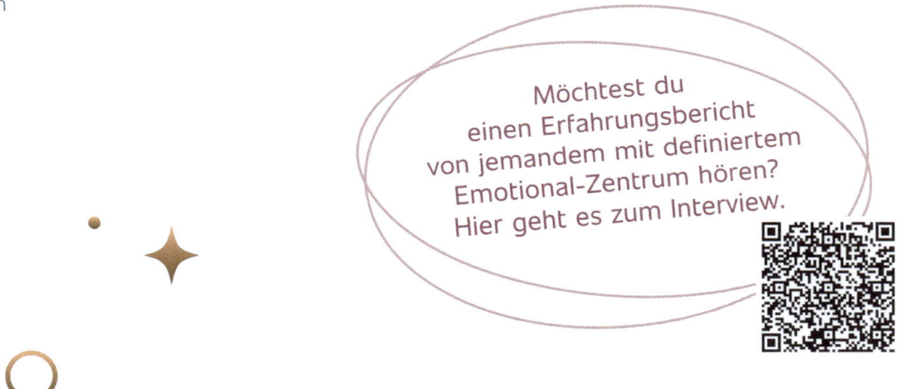

Wie nutzt du dein *definiertes* Emotional-Zentrum?

Funktional

Du nimmst an, was ist. Du beobachtest deine Emotionen und erkennst sie als dir zugehörig. Du erlaubst dir gute wie schlechte Tage und erkennst die Schönheit in beiden. Für Entscheidungen nimmst du dir Zeit. Denn du weißt: Es gibt für dich keine Wahrheit im Jetzt.

Dysfunktional

Du unterdrückst deine Stimmungslagen. Nach außen hin gibst du dich cool und kontrolliert. Wenn du überhaupt Launen hast, dann machst du dein Umfeld dafür verantwortlich. Entscheidungen versuchst du schnell und rational zu treffen.

Emotionale Wellen können in ihrem Rhythmus ganz individuell verschieden sein. So haben manche Menschen eine recht flache Welle mit gleichmäßigen Hoch- und Tiefperioden, andere erleben lange Hoch- und seltene Tiefphasen und wieder andere pendeln ständig zwischen den Extremen.

Der Verlauf hängt von deinen emotionalen Aktivierungen im Design ab. Hierzu kannst du in einem Reading mehr erfahren.

→ Experiment
Nutze die nächsten vier Wochen, um deine Stimmungen und deine emotionale Welle zu erforschen. Beobachte jeden Morgen ganz achtsam, wie du dich nach dem Aufwachen fühlst. Konzentriere dich auf das pure innerliche Gefühl. Übertrag deine Beobachtungen in die Stimmungskurve auf der folgenden Seite.

Die *perfekte Welle*: Dein persönliches Wellendiagramm

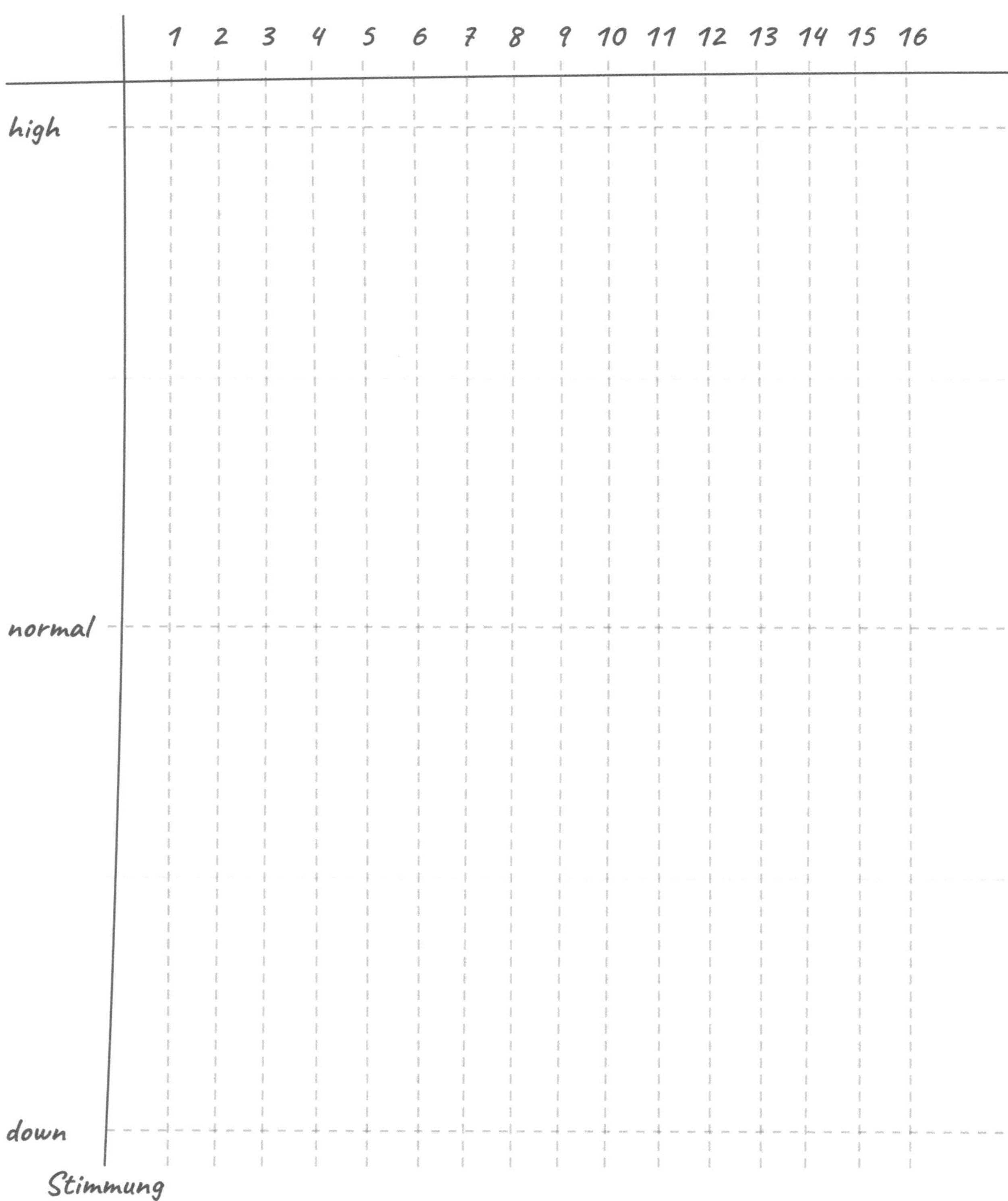

Mit diesem Wellendiagramm kannst du deine Stimmungen beobachten und herausfinden, wie deine emotionale Welle beschaffen ist. Am besten trägst du immer gleich morgens nach dem Aufstehen ein, wie du dich fühlst. Zeigt sich ein Muster?

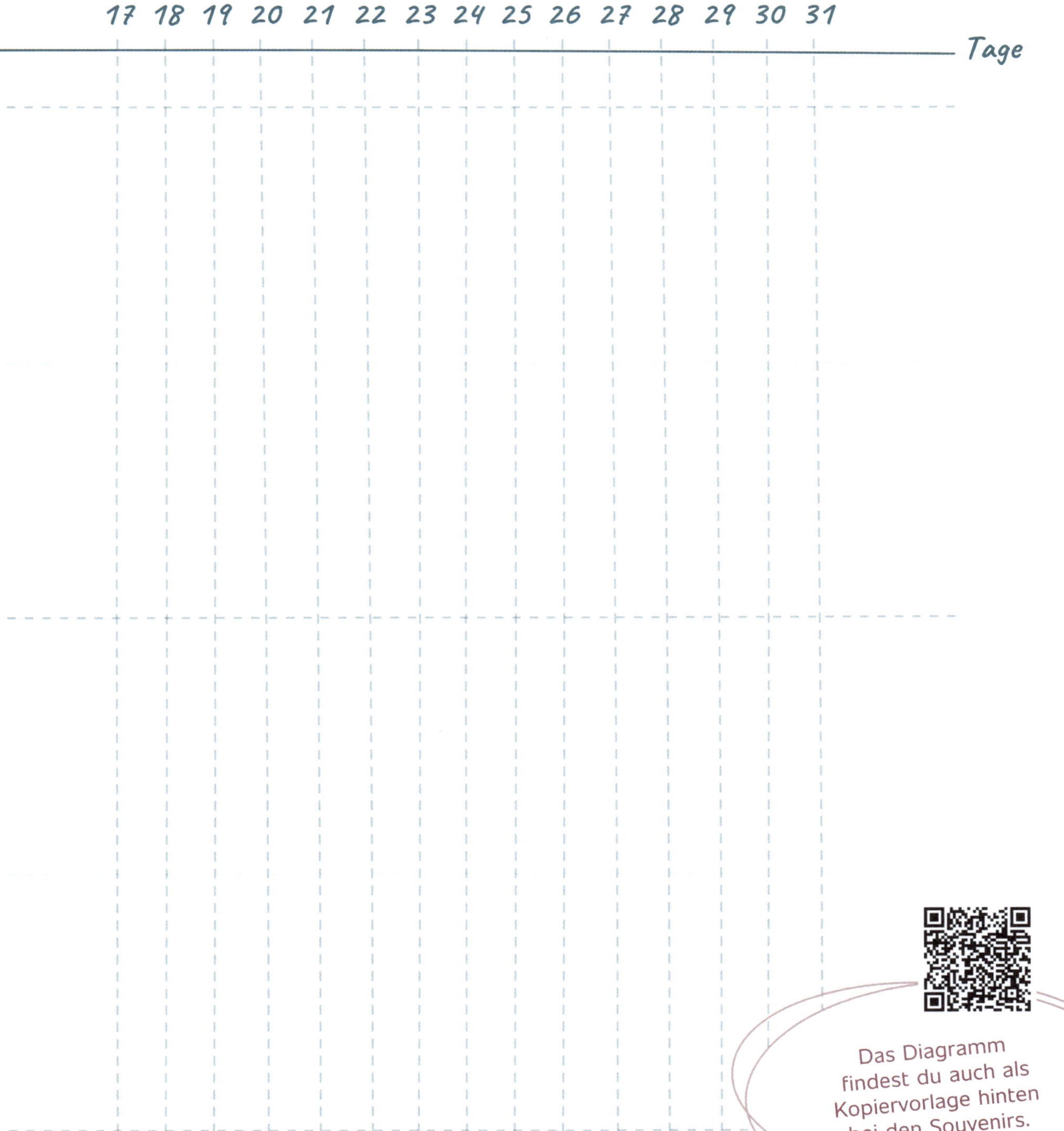

Das Diagramm findest du auch als Kopiervorlage hinten bei den Souvenirs.

Das *offene* *Emotional*-Zentrum

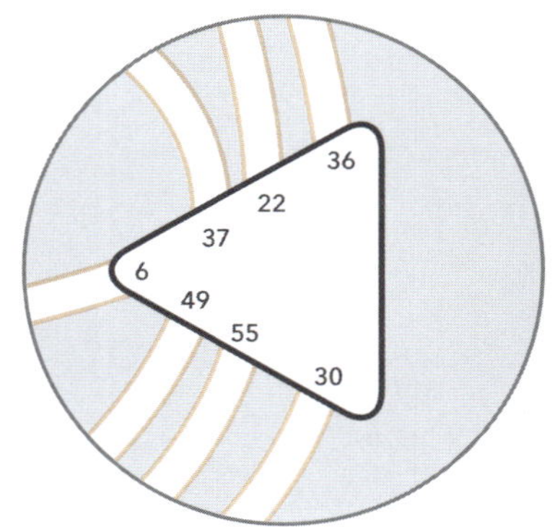

49 % der Menschen haben ein offenes Emotional-Zentrum.

Die emotional offene Weltsicht ist kühl, nüchtern und klar.

Als Mensch mit einem offenen Emotional-Zentrum hast du keine emotionale Welle, die deine Stimmungswelt regiert. Ohne äußere Einflüsse ist deine Stimmung ausgeglichen und neutral. Morgens nach dem Aufstehen sieht die Welt für dich prinzipiell immer erst mal gleich aus – so weit die Theorie. In der Realität sieht das Ganze oft anders aus. So wirst du dich höchstwahrscheinlich selbst als durchaus launisch empfinden, vielleicht sogar als emotional unberechenbar, empfindlich oder aufbrausend. Woran es liegt ist, wie bei allen undefinierten Zentren, die Energie aufnehmende und verstärkende Eigenschaft des offenen Emotional-Zentrums. Du nimmst die Gefühle deines Umfelds auf und verstärkst diese sogar noch. Auf dem Hoch der Welle kann das wundervoll sein: Nirgends gibt es mehr Intensität, Spaß, mehr Genuss, mehr Freude, mehr Lachen und mehr Leidenschaft als in der Präsenz eines emotional definierten Menschen im Hoch. Diese Begegnungen können wahrlich besonders sein! Schwierig wird es, wenn dein Gegenüber, mit definiertem Emotional-Zentrum, sich im Stimmungstief befindet. Das kann dir sehr aufs Gemüt schlagen. Genau hier liegt der Ursprung vieler Missverständnisse und vielen Leids. Denn solange dir nicht bewusst ist, dass die Gefühle anderer in dich hineinströmen, bist du diesen schutzlos ausgeliefert. Da es nicht deine Emotionen sind, gelingt es dir nicht, diese sinnhaft einzuordnen. Das Einzige, was dir klar ist, ist, dass irgendwas nicht stimmt. Nicht selten treten sogar körperliche Symptome in der Magengegend auf wie Bauchweh oder ein sprichwörtlicher „Knoten im Magen".

Das offene Emotional-Zentrum wird von den Gefühlen anderer geflutet.

Sicher kennst du folgende Situationen: Du sitzt bereits eine Weile mit einigen Freunden zusammen, als eine weitere Person den Raum betritt. Plötzlich verändert sich die gesamte Stimmung. Du wirst geradezu überschwemmt von düsteren Emotionen. Vielleicht bekommst du ein flaues Gefühl oder spürst, wie du unwillkürlich die Luft anhältst. In jedem Fall spürst du, dass die Laune irgendwie gekippt ist. Nun darfst du einmal raten, wo dein Verstand die Ursache und Lösung sucht – natürlich bei dir selbst. Habe ich etwas falsch gemacht? Das ist alles meine Schuld. Was mache ich jetzt bloß? Wie kann ich die Stituation schnellstmöglich retten? Das ist ein typisches Verhaltensmuster emotional offener Menschen. Die Fremdemotionen werden zu diffusen Schuldgefühlen und du würdest so ziemlich alles tun, um diese loszuwerden.

Fühlt sich der emotional definierte Mensch schlecht, dann geht es dem Undefinierten gleich doppelt so mies.

Oder nehmen wir eine Eins-zu-eins-Situation. Im Kontakt mit einem emotional definierten Gegenüber im Stimmungstief bekommst du die ganze Wucht der schweren Emotionen ab. Wieder denkst du: Diese Stimmung muss irgendwie mit mir zu tun haben – und ich muss das jetzt unbedingt verändern. Vielleicht versuchst du den anderen irgendwie zu beschwichtigen, aufzuheitern und entschuldigst dich am Ende gar für ein vermeintlich „falsches" Verhalten, nur damit „alles wieder gut" ist. Oder du wählst die Offensive und konfrontierst dein Gegenüber mit deinem Eindruck, hier ungerecht behandelt zu werden und überhäufst es deinerseits mit Vorwürfen und Schuldzuweisungen. Alles nur, um diesen emotionalen Druck aufzulösen.

Andere mit ihren Gefühlen da zu lassen, wo sie sind, müssen emotional offene Menschen oft erst noch lernen.

Das Problem: Die emotionale Welle deines Geegenübers lässt sich nicht beeinflussen. Und der definierte Mensch will auch nicht getröstet oder sonst wie belangt werden. Er will einfach nur seine Ruhe – und die sollte man ihm auch lassen. Das Bestreben, die Emotionen des anderen zu kompensieren oder zu kontrollieren, ist völlig unangebracht. Im Zweifelsfall verschlimmerst du die Situation sogar noch und holst dir eine Extra-Ladung Zündstoff ab. Wie kommst du heraus aus der Falle?

Von der Drama-Queen zum People-Pleaser:
Das Dilemma der emotionalen Offenheit

Fakt ist: Solange sie sich ihrer Offenheit nicht bewusst sind, ist die negative Welle für viele unemotionalen Menschen nur schwer auszuhalten.

Du bist sehr feinfühlig und nimmst gerade schwierige Emotionen als sehr verstörend und unangenehm wahr. Kein Wunder: Gerätst du in die negative Welle eines definierten Emotional-Zentrums, überschwemmen dich die Gefühle des anderen ohne Vorwarnung. Da sie von außen und eben nicht aus deinem Inneren kommen, kannst du sie (anders als die Urheber) auch nicht transformieren. Dir bleibt gefühlt also nichts anderes übrig, als den Fremdenergien entweder auszuweichen, sie zu manipulieren oder sie übermäßig auszuagieren. Du kennst es bestimmt, so sehr du auch mauerst und dich um Schadensbegrenzung bemühst, früher oder später brechen alle Dämme – und das kann ziemlich verheerend sein, für dich selbst und dein gesamtes Umfeld. Die Folge: Am Ende gelten ausgerechnet die unemotionalen Menschen als Drama-Queens (und halten sich auch selbst dafür), während die eigentlichen Stimmungsmacher kopfschüttelnd danebenstehen.

Wenn es dir in einer Situation zu viel wird, kannst du jederzeit den Raum verlassen und dich von den Fremdenergien befreien. Atme ganz tief aus, schüttle dich, vielleicht springst du kurz auf und ab. Geh mit dir selbst in Kontakt und frag dich: Bin das noch ich? Ist das hier noch gut für mich? Höre auf deine innere Autorität!

Die Erfahrungen mit der negativen Fremdladung und deren Folgen machen emotional offene Menschen oftmals zu Meistern der Vermeidung. Um des lieben Friedens willen, stellen sie ihre eigenen Wünsche und Bedürfnisse, ja, ihre eigene Wahrheit lieber zurück. Aus Angst irgendjemanden zu verärgern und um den daraus resultierenden Angst- und Schuldgefühlen zu entgehen, gehen sie Konflikten aus dem Weg und willigen auch in für sie nachteilige Kompromisse ein. Sie wollen es immer allen recht machen und werden immer mehr zu „People Pleasern". Darüber hinaus halten sich viele emotional offene Menschen unbewusst von Personen mit definiertem Emotional-Zentrum fern, nur um deren Stimmungschwankungen nicht aushalten zu müssen.

Die Lösung: Bewusstheit entwickeln!

Sobald du verstanden hast, dass die belastenden Gefühle gar nicht deine eigenen sind, kannst du üben dich abzugrenzen. Eine gute Methode ist es, dich aus der Aura des anderen herauszubewegen oder dich wenigstens körperlich abzuwenden. Und dann heißt es: Weiter graben. Da Emotionen die Tendenz haben, ziemlich lange haften zu bleiben, lohnt sich unbedingt auch der tiefere Blick: Gibt es da noch Spannungen aus der Vergangenheit? Schuldzuweisungen? Falsche Glaubenssätze? Hier ehrlich hinzuschauen kann dein Leben verändern!

Die Gabe des offenen Emotional-Zentrums

Der erste Schritt dazu ist, die eigene Offenheit zu erkennen.

Du hast sehr feine Antennen für die Gefühle und Stimmungen anderer. Du spürst sofort, an welchem Punkt der emotionalen Welle sich jemand gerade befindet – selbst wenn derjenige selbst gar keinen bewussten Zugang zu seinen Gefühlen hat. Und sobald du gelernt hast, die einströmenden Emotionen weder auf dich zu beziehen noch verändern zu wollen, kannst du diese Gabe wirklich nutzen. Allein durch deine Präsenz kannst du emotional definierten Menschen dabei helfen, die eigenen (unterdrückten) Gefühle besser wahrzunehmen – und so mehr zu sich selbst zu finden. Und da du stets weißt, wie ein Mensch sich wirklich fühlt, kannst du ihn auch behutsam dabei unterstützen, die eigene emotionale Wahrheit zu erkennen.

Emotional offene Kinder – und was Eltern wissen sollten

Gerade in emotional gemischten Familien, sind emotional offene Kinder oft die Leidtragenden.

Ein emotional offenes Kind kann sehr unter der Gefühlswelt innerhalb der Familie leiden, selbst wenn diese nicht offen bzw. bewusst ausgelebt wird. Die emotionale Welle ist für das Kind stets wahrnehmbar und jede Stimmungsveränderung ins Negative kann zu einer Belastung werden.

Tipps für das *offene* Emotional-Zentrum

- *Lass die anderen mit ihren Gefühlen sein, wo sie sind. Es ist ihre Gefühlswelt, damit hast du nichts zu tun.*
- *Du bist weder der Grund für die schlechte Stimmung des definierten Menschen noch kannst du diese irgendwie beeinflussen.*
- *Verbinde dich immer wieder mit deinem Emotional-Zentrum und nimm bewusst wahr, welche Gefühle zu dir gehören und welche nicht.*
- *Nur weil du es kannst, ist es nicht deine Pflicht, dich mit den Gefühlen anderer zu beschäftigen. Übe dich in Abgrenzung.*
- *Sobald du Klarheit über deine Gefühlswelt hast, kannst du andere gefahrlos durch so manche Welle begleiten – und die Schönheit der emotionalen Welt in all ihren Facetten voll auskosten.*

Kinder beziehen naturgemäß alles auf sich selbst und so kann die schlechte Laune eines definierten Elternteils schnell für eine existenzielle Verunsicherung sorgen – gerade wenn sie unausgesprochen bleibt. Das Kind denkt dann: „Ich muss irgendwas falsch gemacht haben." und versucht in der Folge, immer alles richtig zu machen. Das funktioniert natürlich nicht, denn die Welle ist die Welle und hat ja gar nichts mit dem Außen zu tun. Die Folge kann eine tiefe Verunsicherung des Kindes sein. Um zu verhindern, dass sich bei ihm der Eindruck festsetzt, für die Gefühle anderer verantwortlich zu sein, ist ein bewusster Umgang mit der Emotionalität in der Familie so wichtig. Emotional offene Kinder sollten früh lernen, eigene und fremde Gefühle zu unterscheiden. Das kann ihnen viel Kummer und Drückebergerei im weiteren Leben ersparen.

Ein Rat für Eltern ist, offen mit dem Kind über die eigenen Emotionen zu sprechen und ihm so zu signalisieren: Du bist gut, wie du bist. Es liegt nicht an dir. Es sind nicht deine eigenen Gefühle, die du da spürst. Du bist nicht verantwortlich für die Stimmung der anderen.

→ Experiment

Beobachte in den nächsten Wochen, in welchen Situationen du in der Anwesenheit anderer dieses komische Gefühl, die Gewissheit „Hier stimmt was nicht!" bekommst. Das ist dein Zeichen: Wahrscheinlich droht in deinem Umfeld irgendwo eine emotionale Flutwelle. Mit dieser Bewusstheit kannst du nun ein wenig Forschungsarbeit betreiben: Beobachte genau, was du da eigentlich spürst und wo in deinem Körper dieses Gefühl ist. Fühlt die Emotion sich dir zugehörig an? Experimentiere mit Nähe und Distanz: Beobachte, was geschieht, wenn du dich aus der Situation entfernst oder abwendest – bleiben die Gefühle unverändert?

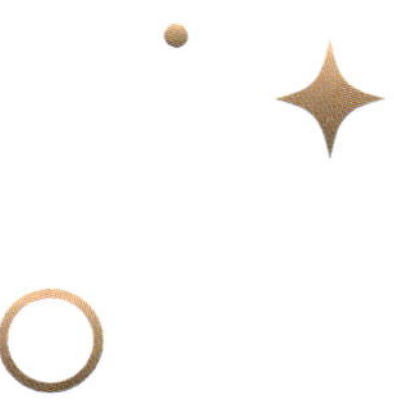

Wie nutzt du dein *offenes* Emotional-Zentrum?

Funktional

Du bist emotional ausgeglichen und fühlst dich nüchtern und klar. Die Emotionen anderer nimmst du feinfühlig wahr, ohne dich mit ihnen zu identifizieren. Wenn es dir zu viel wird, grenzt du dich ab. Statt es konfliktscheu allen recht machen zu wollen, stehst du zu deinen Bedürfnissen und zu deiner Wahrheit.

Dysfunktional

Du hältst die Gefühle anderer für deine eigenen und agierst sie aus. Negativen Emotionen weichst du aus oder versuchst sie zu kompensieren. Aus Angst vor den negativen Gefühlsreaktionen anderer unterdrückst du deine Bedürfnisse.

Logbuch: Erkunde die Insel. Zeit für eigene Entdeckungen

Datum ____________

Die folgenden Fragen können dir helfen, Kontakt zu deinem Emotional-Zentrum aufzunehmen. Nähere dich ihnen behutsam. Nimm dir Zeit und versuche, die emotionale Energie in deinem Körper wahrzunehmen.

1. Beobachte dich bewusst in einer Entscheidungssituation, zum Beispiel wenn es um eine Verabredung, eine Reise, ein berufliches Angebot oder Ähnliches. Verändert sich deine Sicht auf die Dinge über die Zeit, z. B. wenn du darüber geschlafen hast? Notiere ein paar Beispiele.

2. Erlaubst du dir auch mal zu sagen: „Ich fühle mich heute nicht gut. Ich brauche meine Ruhe!"? Wann hast du das zum letzten Mal gemacht?

3. Verstrickst du dich schnell in Schuldgefühlen oder -zuweisungen? Beschreibe zwei bis drei Situationen.

4. Sprichst du deine Meinung geradeheraus aus oder hältst du unangenehme Wahrheiten lieber zurück? Schreibe mehrere Beispiele auf.

5. Kennst du Situationen, in denen du dich zurückhältst oder gewisse Dinge nicht machst, aus Angst, du könntest jemand anderem damit die Laune verderben? Beschreibe drei Situationen, an die du dich erinnern kannst.

6. Gehst du Streit und Konflikten oder bestimmten Personen lieber aus dem Weg? Beschreibe wann, wo, wem und warum.

7. Denke an Konfliktsituationen aus deiner Vergangenheit: Möchtest du am liebsten immer schnell alles wiedergutmachen? Verrätst du dabei auch schon mal deine eigenen Bedürfnisse?

8. Wie fühlt es sich für dich an, wenn andere traurig oder schlecht gelaunt sind? Was macht das mit deiner Stimmung? Wie reagierst du?

Das G-Zentrum

Das G-Zentrum ist der leuchtende Diamant in unserer Mitte. Es verortet uns in Zeit und Raum. Hier ankert unser Selbst.

Die Themen des G-Zentrums sind Identität, Liebe und Richtung.

Das G in G-Zentrum steht für Geometrie: Es geht hier um unsere Position in Zeit und Raum, um die Koordinaten unseres Lebenswegs, um den Zusammenhang von Ort und Identität. Obwohl es weder ein Bewusstheits- noch ein Motorzentrum ist, hat es einen großen Einfluss auf unser Leben. Wie ein GPS navigiert unser G-Zentrum uns durchs Leben und bringt uns zur richtigen Zeit an die richtigen Orte zu den richtigen Menschen. Das G-Zentrum ist der Platz in uns, der bestimmt, wer wir sind, wohin wir gehen und wie wir Liebe erleben. Dabei ist nicht die partnerschaftliche, romantische Liebe gemeint (wie wir sie im Emotional-Zentrum finden), sondern die Liebe in einem größeren Kontext: die Liebe zum Leben, die Liebe zur Menschheit, die Liebe zu uns selbst und zum eigenen Körper. Je nachdem, ob dein G-Zentrum definiert ist oder nicht, bist du im Bereich deiner Identität und Haltung entweder unveränderlich festgelegt oder offen und flexibel.

Quiz:

Gut beobachten lässt sich die Wirkweise des G-Zentrums bei Schauspielern, die sich oftmals gut in eine der folgenden beiden Kategorien einteilen lassen. Da sind zum einen die Schauspieler, die in jeder Rolle sich selbst zu spielen scheinen, ihr eigenes Sein einbringen. Auf der anderen Seite haben wir die Schauspieler, die ganz in ihren Rollen aufgehen und kaum wiederzuerkennen sind – typische Charakterschauspieler. Versuche es einmal selbst und kreuze an: Wer hat ein offenes, wer ein definiertes G-Zentrum?

Tom Cruise	● ○	Leonardo DiCaprio	● ○	Brad Pitt	● ○
Julia Roberts	● ○	Meryl Streep	● ○	Reese Witherspoon	● ○
Kate Winslet	● ○	Catherine Zeta-Jones	● ○	Tom Hanks	● ○
Johnny Depp	● ○	Jack Nicholson	● ○	Jennifer Lawrence	● ○

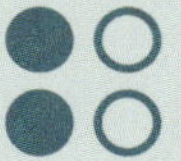

Die Auflösung findest du auf Seite 213.

Zur Wichtigkeit des richtigen Ortes.

Für uns alle gilt: Der Ort, an dem wir uns befinden, beeinflusst uns. Wo wir sind, ist, wer wir sind. Unser Umfeld beeinflusst uns. In unseren offenen Zentren nehmen wir die Energien anderer auf, unsere definierten Zentren senden nach außen. Daher macht es energetisch einen großen Unterschied, ob wir alleine oder mit unserem Partner zu Hause sind, ob wir durch eine menschenleere Landschaft wandern oder in einer engen Innenstadt bummeln gehen.

Das G-Zentrum ist unser Navi.

Das G-Zentrum ist dabei unser primäres Navigationssystem: Ist es definiert, führt es uns ganz automatisch an den richtigen Ort. Wir müssen nur unserer inneren Autorität folgen. Der falsche Ort kann sich besonders für Menschen mit offenem G-Zentrum beklemmend anfühlen, wie eine Enge in der Brust. Das Schöne ist aber, mit offenem G-Zentrum, können wir uns an andere Menschen und deren Richtungen andocken und uns ein Stück mitnehmen lassen. Wer für uns stimmig ist, zeigt sich uns über die räumliche Dimension. Solange wir uns an einem Ort wohlfühlen, sicher und geborgen, sind wir (noch) mit den richtigen Menschen zusammen. Ist es andersherum, wird es wahrscheinlich Zeit für eine neue Umgebung.

Merke:
Das G-Zentrum führt dich an die richtigen Orte und zu den richtigen Menschen.

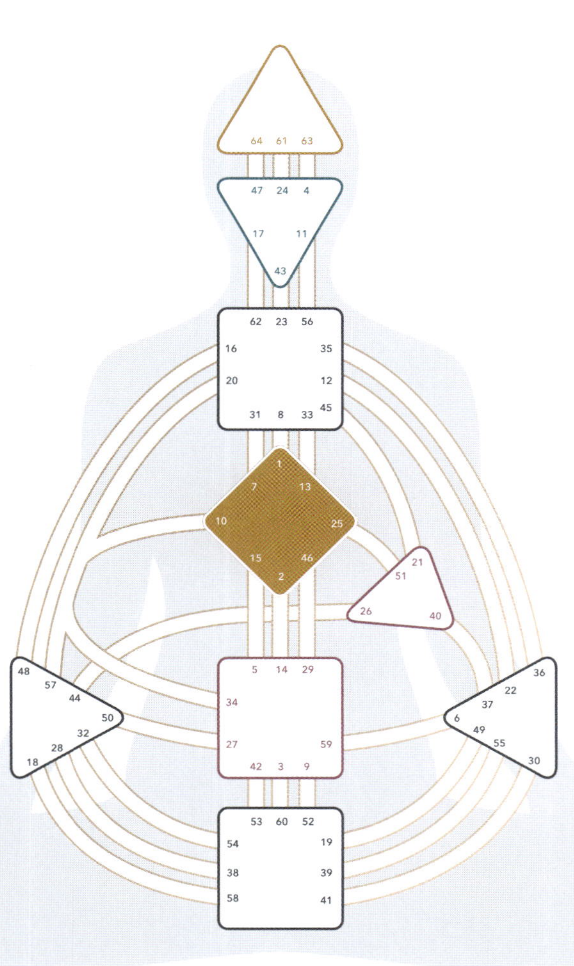

Das G-Zentrum *im Blitzlicht:*

- *Identitätszentrum*
- *Ort deines Selbst*
- *Richtung und Liebe*
- *Navigationssystem*
- *verbunden mit dem Ort*

Das *definierte* G-Zentrum

58 % der Menschen haben ein definiertes G-Zentrum.

Die Frage „Wer bin ich?" kommt Menschen mit einem definierten Selbst kaum in den Sinn.

Als Mensch mit einem definierten G-Zentrum verfügst du über ein stabiles Selbst. Tief in deinem Inneren weißt du genau, wer du bist – und wer du nicht bist. Daran gibt es kein Rütteln. Das verleiht dir eine gewisse Sicherheit im Sein. Du lässt dich nicht verbiegen. Du bleibst dir selbst treu: Egal, mit wem du zusammen bist, egal, wo du lebst, egal, in welcher Lebensphase du steckst. Du gehst unbeirrbar deinen Weg. Du weißt einfach von Natur aus, was dir entspricht und was nicht. Dein G-Zentrum funktioniert wie ein innerer Kompass, auf den immer Verlass ist. Diese Stabilität bietet dir großen Halt. Gleichzeitig bringt sie auch ein gewisses Maß an Inflexibilität mit sich. Denn während du bist, wie du bist, kannst du eben auch niemand anderes sein. In welche Rolle, in welches Kostüm du auch schlüpfst, man wird immer dich sehen. Sehr gut zu beobachten ist das bei Schauspielern, die stets irgendwie sich selber spielen, bei denen man fast das Gefühl hat, sie persönlich zu kennen.

Dein G-Zentrum hält dich sicher auf deiner Bahn.

Stell dir das definierte G-Zentrum wie den Fahrer deiner Limousine vor, der dich in festgelegter Zeit Richtung Lebenszweck chauffiert. Du kannst hier und da mal aussteigen, auch kleine Umwege sind drin, im Grunde aber ist die Route festgelegt. Eine wirkliches Ausbrechen ist nicht vorgesehen. Du bleibst gewissermaßen immer auf der Bahn. Und das ist genau richtig so: Du brauchst diese Stabilität, um deine Lebensaufgabe erfüllen zu können. Kommt dir jemand oder etwas in die Quere, spürst du das – und gehst in den Widerstand. Auch dein Körper kann reagieren: Dich überkommen Beklemmungsgefühle, deine Brust wird eng, du fühlst dich in deinem Sein eingeengt.

Tipps für das *definierte* G-Zentrum

- *Bleib dir treu.*
- *Vertraue auf Strategie und Autorität: Du gehst deinen Weg.*
- *Versuch nicht, dich zu verbiegen.*
- *Lass auch andere ihren Weg gehen – es gibt kein Richtig oder Falsch.*
- *Führe nur, wenn man dich einlädt.*

Dein G-Zentrum gibt dir den nötigen Rückhalt im Leben – in guten wie in schlechten Zeiten. Deine Ich-Stärke schenkt auch deinem Umfeld Sicherheit. Du strahlst wie ein Fixstern, an dem andere Menschen sich orientieren können – und wollen. Menschen mit definiertem G-Zentrum sind oft Rollenvorbilder für andere. Vielleicht kennst du das auch von dir, dass andere dich auf gewisse Weise nachahmen, sich an dir ausrichten?

Orientierung für dich und andere.

Wichtig ist es, dass du dennoch im Auge behältst: Jeder Mensch hat seinen eigenen Lebensweg – und jeder darf diesen auf seine ganz eigene Art und Weise beschreiten. Das bedeutet oftmals auch: mit einer gewissen Unsicherheit, mit Abbrüchen, Richtungswechseln und Schlenkern. Auch, wenn du die nötige Stabilität liefern könntest: Es ist nicht deine Aufgabe andere ungefragt zu führen und auf deine Spur zu bringen! Deine Führungsrolle ist passiv: Sei einfach, wie du bist, und ziehe die Menschen an, die deinem Weg folgen möchten. Sie werden automatisch zu dir finden.

→ Experiment
Achte in den nächsten Wochen vermehrt darauf, wo im Leben du eine Art Führerrolle innehast. Wo ist sie dir ganz automatisch zugefallen, wo versuchst du sie aktiv durchzusetzen? Versuche die Qualitätsunterschiede zu erspüren.

Wie nutzt du dein *definiertes* G-Zentrum?

Funktional

Du weißt, wer du bist und wer du nicht bist. Deinen Platz im Leben findest du ganz automatisch. Du weißt, was du magst und was du nicht magst und bist mit deinem Sein gut verbunden. Deine natürliche Haltung macht dich dabei zu einer Inspiration für andere, möglicherweise zu einem Vorbild.

Dysfunktional

Statt deinem inneren Kompass zu folgen, setzt du deine Ziele verstandesmäßig und strebst nach Dingen, die zu erreichen für dich weder vorgesehen sind noch die ersehnte Erfüllung bringen. Du bist so überzeugt davon, dass dein Lebensweg der einzig richtige ist, dass du versuchst andere Menschen anzuleiten – auch wenn diese dich nicht darum gebeten haben.

Das *offene* G-Zentrum

42 % der Menschen haben ein offenes G-Zentrum.

Wer bin ich?

Ist dein G-Zentrum offen, verfügst du über kein stabiles Selbst. Wahrscheinlich hast du dich schon mehr als einmal gefragt, wer du bist – und nie eine Antwort erhalten. Dir fehlt die dazu nötige Konsistenz in deinem Sein. Du bist weder in deiner Identität noch in deiner Richtung festgelegt. Die überpersönliche Liebe, was du magst oder nicht magst, kannst du auf alle erdenklichen Arten erfahren. Du schwebst gewissermaßen im Raum der Möglichkeiten und ohne zuverlässigen inneren Kompass benötigst du zur Orientierung äußerliche Fixpunkte: die Menschen deines Lebens. Sie geben dir Richtung und Identität. Sie erlauben dir, die verschiedensten Seinsarten auszuleben. Dabei bist du äußerst anpassungsfähig. Wie ein soziales Chamäleon fügst du dich unauffällig in jedes Umfeld ein – und kommst eigentlich überall gut klar. Mehr noch: Du kannst dich wirklich auf alle möglichen Menschen einlassen. Du verstehst, wie sie ticken, gehst in Verbindung und bestärkst sie dabei unbewusst in ihrem Selbst.

Deine Offenheit erlaubt dir intensive Begegnungen mit allen möglichen Menschentypen und ein tiefes Verständnis für das Sein der anderen.

Du hast die Lizenz zur Verwandlung.

Bestimmt kennst du das Gefühl, mit verschiedenen Menschen auch selbst jemand anderes zu sein? Genau so ist es! Mit deinem offenen G-Zentrum nimmst du in der Präsenz eines anderen Menschen ein Stück weit dessen Identität an. Hier liegt das große Geschenk des offenen G-Zentrums: Du kannst sein, wer du in dem Moment bist. Du kannst die verschiedensten Rollen annehmen, Arten des Menschseins erleben und Lebenswege kennenlernen. Wie ein Charakterschauspieler kannst du ganz in fremden Identitäten aufgehen. Vielleicht verfügst du sogar über ein (ungeahntes) schauspielerisches Talent und es fühlt sich richtig frei und selbstverständlich an, in verschiedene Rollen zu schlüpfen und

Tipps für das *offene* G-Zentrum

- *Stell dir regelmäßig die Frage: Bin ich (hier) noch richtig?*
- *Achte auf die Orte, an denen du bist: Sie zeigen dir, ob du mit den richtigen Menschen zusammen bist.*
- *Genieße deine Offenheit und Wandelbarkeit: Du darfst dein flexibles Sein genießen.*
- *Fühlst du dich im wahrsten Sinne des Wortes fehl am Platz? Überprüfe, ob es vielleicht an der Zeit ist, den Ort zu wechseln.*

dein Sein aus verschiedenen Perspektiven neu zu entdecken.
Stell dir das Zusammenspiel mit anderen G-Zentrum-definierten Menschen wie mit einem Skilift vor. Am richtigen Ort wirst du Menschen begegnen, bei denen du dich mühelos und gerne andockst, um dich ein Stück des Weges mitnehmen zu lassen. Vielleicht kommt aber irgendwann der Punkt, an dem du spürst: Jetzt ist es nicht mehr meine Richtung. Dann ist der Zeitpunkt gekommen, dich abzukoppeln und am richtigen Ort neue Mitreisegelegenheiten zu finden. Alles ist möglich. In jedem Fall bist du dann wieder frei, flexibel und bereit für die nächste Lebensetappe. Und da kannst du dann tatsächlich jemand ganz anderes sein.

Ein Mantra für das offene G-Zentrum: Ich bin nicht nur, wer ich jetzt gerade bin. Woanders kann ich jemand ganz anderes sein.

Derartige Identitäts- und Richtungswechsel sind typisch für Menschen mit offenem G-Zentrum – und können für langjährige Wegbegleiter (wie Freunde oder Familie) ziemlich irritierend sein. Im besten Fall sorgst du mit deinen Entscheidungen einfach immer wieder für Überraschungen. Im ungünstigen Fall giltst du als ungreifbar, irgendwie charakterlos wie ein Fähnchen im Wind. Vielleicht überkommen dich manchmal Zweifel in Bezug auf deine wechselhafte Identität, dein instabiles Sein? Gute Nachricht: Du kannst sie loslassen! Genau wie alle anderen bist du einfach, wie du bist – und das ist in deinem Fall flexibel und wandelbar. Wichtig für dich ist, stets aufmerksam und bei dir zu bleiben. Dir fehlen die Grenzen einer stabilen Identität und das macht dich anfällig für alle möglichen Einflüsse. Achte daher gut darauf, dich nicht zu verirren. Die entscheidenden Hinweise dazu erhältst du über deine feine Ortswahrnehmung. Fühlst du dich an einem Ort nicht mehr wohl, ist es an der Zeit einen Blick auf die Menschen in deiner Umgebung zu werfen: Sind es noch die richtigen? Bringen sie dich wirklich noch weiter auf deinem Weg – oder ist es Zeit, eine neue Mitfahrgelegenheit zu finden? Wenn du dich für neue Richtungen öffnest, wird sich zeigen, wie, wo und mit wem deine Lebensreise weitergehen soll.

Dein G-Zentrum kommunziert über die Ortswahrnehmung mit dir. Wenn ein Ort sich gut anfühlt, stimmen auch die Menschen und die Richtung kommt von allein.

→ Experiment
Achte in den kommenden Wochen verstärkt auf deine Wahrnehmung von Orten: Wo gefällt es dir? Wo fühlst du dich unwohl? Woran liegt es? Erlaube dir, wählerisch zu sein: Such dir zum Beispiel deinen Sitzplatz im Café ganz bewusst aus. Was macht das mit dir und deinem Körpergefühl?

Wie nutzt du dein *offenes* G-Zentrum?

Funktional

Du akzeptierst deine flexible Identität und nutzt sie, um mit den verschiedensten Menschen in einen intensiven Austausch zu treten. Über deine Umgebung nimmst du sensibel wahr, wer die richtigen Menschen für dich sind. Du bewahrst dir deine Freiheit und lässt dich nicht, auch nicht durch deinen Verstand, in starre Rollen zwängen.

Dysfunktional

Du denkst immerzu darüber nach, wer du eigentlich bist. Du versuchst eine bestimmte Rolle auszufüllen. Um Sicherheit und Stabilität zu erlangen, läufst du vielleicht Titeln, Errungenschaften oder materiellen Gütern hinterher. Dabei ignorierst du deine Empfindungen für Ort und Umgebung.

Logbuch: Erkunde die Insel. Zeit für eigene Entdeckungen

Datum ____________

Die folgenden Fragen können dich besser mit deinem G-Zentrum in Verbindung bringen. Nimm dir Zeit für sie und versuche die Energie in deinem Körper wahrzunehmen.

1. *Hast du dir schon öfter die Frage gestellt, wer du eigentlich wirklich bist? Oder stellt sich dir diese Frage eigentlich nie? Welche Gedanken gehen dir dazu durch den Kopf?*

2. *Hast du das Gefühl, dir selbst treu sein zu können, egal, in welchem Umfeld? Oder bist du je nach Umfeld immer jemand anderes? Nenne einige Beispiele.*

3. Hat schon einmal jemand versucht, dich in deinem Selbst zu beeinflussen und zu verändern? Was macht das mit dir?

4. Beobachtest du in deinem Lebensweg starke Stil- oder Richtungswechsel? Wenn ja, beschreibe, wann und wie sie ausgelöst wurden.

5. Fällt es dir leicht, dich in andere hineinzuversetzen? Kannst du in verschiedene Rollen schlüpfen?

6. *Wenn verschiedene Menschen dich beschreiben würden, welches Bild deiner Persönlichkeit entstünde?*

7. *Warst du oft eine Art Rollenvorbild für andere? Haben Menschen dich nachgeahmt oder sind dir freiwillig gefolgt?*

8. *Fallen dir Menschen ein, die dich auf deinem Lebensweg geprägt haben, die dich auf eine Art und Weise „mitgenommen" haben? Wer waren diese Menschen? Wie haben sie dich beeinflusst?*

9. Hast du in der Vergangenheit schon häufiger (und für andere sehr unvorhersehbar) neue Wege eingeschlagen und dich „neu erfunden"? Beschreibe diese Lebensphasen.

10. Wie bist du bisher zu deiner Lebensrichtung gelangt? Hast du deine Entscheidungen basierend auf anderen Menschen oder aus dir selbst heraus getroffen?

Das *Kopf-Zentrum*

Das Kopf-Zentrum ist eines unserer beiden Druckzentren. Anders als das Wurzel-Zentrum bringt es aber nicht unseren Körper, sondern unseren Geist in Bewegung. Hier entsteht der Druck zu denken.

Das Kopf-Zentrum ist ein wichtiger Platz: Hier entstehen jene Fragen, die uns als Menschheit anregen, unsere Entwicklung voranzutreiben.

Das Kopf-Zentrum ist neben dem Wurzel-Zentrum unser zweites Druck-Zentrum. Es ist allerdings kein Motor und so hat es nicht die Kraft uns physisch in Bewegung zu bringen. Wir haben es hier vielmehr mit einem mentalen Druck zu tun – mit sich aufdrängenden Gedanken und Fragen. Das Kopf-Zentrum ist ein Ort der Ideen, der Anregungen, der Inspiration. Hier entspringen neue Denkprozesse, die letztendlich dazu dienen, unsere mentale Evolution voranzubringen.

Die Fragen des Kopf-Zentrums richten sich auf das, was war, was ist und was sein wird. Je nachdem, welche Kanäle oder Tore aktiviert sind, hilft das Kopf-Zentrum uns so z. B. dabei, Vergangenes sinnhaft einzuordnen und mit dem Erkennen der größeren Zusammenhänge einen Erfahrungszyklus abzuschließen. Oder es sucht nach der Wahrheit im Jetzt und ermöglicht neuartige Fragen, die zu neuen individuellen Antworten führen und damit Zugang zu ganz neuem Wissen eröffnen. Indem es sich zudem auch skeptisch Fragen in Bezug auf zukünftige Ereignisse widmen kann, eröffnet es zugleich den für die Weiterentwicklung so wichtigen Raum für Zweifel.

Das Kopf-Zentrum nimmt eine Sonderstellung in der Körpergrafik ein: Als einziges Zentrum kann es seine Energie nur in eine mögliche Richtung fließen lassen: nach unten, ins Ajna-Zentrum, dem Sitz unserer mentalen Verarbeitung. Alle mentalen Eingebungen müssen also zunächst durch den ordnenden Filter des Verstandes laufen, bevor sie in die Welt gebracht werden können.

Einfach gesagt: Das Kopf-Zentrum stellt die Fragen, das Ajna-Zentrum liefert die Antworten, jedoch ist dies ein Prozess, der Zeit braucht, weil er in gedanklichen Schleifen abläuft. So ergibt sich das vielen von uns wohlbekannte Gedankenkreisen, das Nachsinnen und Nachgrübeln, auf dem Weg zu mentaler Klarheit. In diesem Sinne ist das Kopf-Zentrum ein niemals still stehender Prozessor, der niemals still steht.

Frage, Antwort, Zweifel, neue Frage, neue Antwort, neuer Zweifel … Das Kopf-Zentrum vollzieht eine Art Kreisbewegung.

Daraus resultiert zum einen die Grundlage jeder Wissenschaft: Die einzige Lösung für theoretische Fragen besteht im Weiterfragen. Zum anderen liegt hier eine bahnbrechende Erkenntnis für unser praktisches Leben verborgen: Es gibt keine mentalen Lösungen für die Fragen des Lebens! Die Suche nach mentalen Antworten führt uns im wahrsten Sinne des Wortes im Kreis. Umso wichtiger ist es, deine eigene Körperweisheit und innere Autorität zu entdecken und zu lernen, sie zuverlässig wahrzunehmen und ihr zu vertrauen.

Unsere wahre Weisheit wohnt im Körper.

Merke:
Es gibt keine mentalen Lösungen für die praktischen Fragen des eigenen Lebens.

Das Kopf-Zentrum *im Blitzlicht:*

- *Druck-Zentrum*
- *Zentrum der Inspiration*
- *Fragen als Start des mentalen Prozesses*
- *Grübeln, Gedankenkreisen*
- *Weisheit, die für andere von Wert sein kann*

Ein definiertes Kopf-Zentrum kommt stets im Doppelpack mit dem definierten Ajna-Zentrum. Denn nur wenn das Ajna-Zentrum definiert ist, kann eine energetische Verbindung zum Kopf-Zentrum entstehen. Es ist daher wichtig, die Funktionsweise der beiden Zentren stets im Zusammenhang zu betrachten.

Das *definierte* *Kopf*-Zentrum

30 % der Menschen haben ein definiertes Kopf-Zentrum.

Menschen mit definiertem Kopf-Zentrum sind auf ihre ganz eigene, festgelegte Art von Denkinhalten inspiriert.

Mantra: Ich interessiere mich eben nur für das, was mich interessiert. So what?

Deine mentale Tiefe hat eine Wirkung in der Welt.

Fragen über Fragen über Fragen – und so viele Möglichkeiten, sie zu beantworten. Als Mensch mit einem definierten Kopf-Zentrum kennst du diesen mentalen Druck sicher nur zu gut. In deinem Kopf ist eigentlich immer etwas los. Ruhe herrscht nie. Dabei sind es wahrscheinlich ganz bestimmte Themenbereiche, die dich immer wieder zum Nachdenken anregen. Da bist du kraft deines definierten Kopf-Zentrums festgelegt. Das bedeutet anders ausgedrückt auch: Du interessierst dich vor allem für *deine* Themen, Bereiche also, die für dich von Bedeutung sind. Irrelevantes kannst du gut und gerne ausblenden, sodass deine mentale Energie stets fokussiert bleibt. Unbeirrbar stellst du dir immer neue Fragen und suchst immer neue Antworten. Wichtig für dich ist es, den Wert der Fragen anzuerkennen. Sie können sehr inspirierend auf dein Umfeld wirken – und so neue Prozesse auch bei anderen in Gang setzen. Hinzu kommt deine im Verlauf weiter wachsende Expertise, die dich zu einem sehr anregenden Austauschpartner macht.

Je nachdem, welche Tore bei dir aktiviert sind, zielen die Inspirationen deines Kopf-Zentrums in verschiedene Richtungen.

1. **In die Vergangenheit (Tor 64):** Aus einem Zustand der Verwirrung heraus versuchst du Klarheit in vergangene Erlebnisse zu bringen, um deren tieferen Sinn oder Zusammenhang zu erfassen.
2. **In die Zukunft (Tor 63):** Aus einem Zustand des Zweifels heraus versuchst du logische Antworten für die Fragen der Zukunft zu entwickeln.
3. **In die Gegenwart (Tor 61):** Aus einem Zustand der individuellen Wahrheit heraus beschäftigst du dich mit Fragen, die über das bereits auf der Welt vorhandene Wissen hinausgehen und machst damit neue Erkenntnisse möglich.

Tipps für das *definierte* Kopf-Zentrum

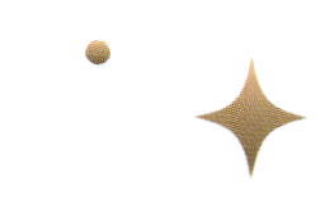

- *Ruhe herrscht in deinem Kopf eigentlich nie. Die Denkprozesse laufen beständig und halten dich mental beschäftigt.*
- *Das darfst du akzeptieren! Dein Verstand ist nun einmal rege und dauerhaft in Betrieb. Du kannst ihn nicht abschalten.*
- *Finde Gleichgesinnte oder Interessierte, mit denen du dich angenehm und leicht zu deinen Lieblingsthemen austauschen kannst.*
- *Versuche herauszufinden, welche Themenkomplexe es sind, die dich immer wieder faszinieren. Das kann sehr erhellend sein.*

Das Kopf-Zentrum kann nur über die Verbindung zum Ajna-Zentrum definiert werden. Du hast also neben Fragen immer auch mögliche Antworten parat. Wenn es dazu auch noch eine Verbindung zum Kehl-Zentrum gibt, verfügst du damit über eine Art „mentales Ventil": Der mentale Druck kann sich dann selbstständig über den Ausdruck regulieren. Ist keine Anbindung zum Kehl-Zentrum gegeben, kann sich sehr viel Druck anstauen, was körperlich als Kopfschmerz oder Migräne spürbar werden kann. Es ist daher wichtig, andere Wege für den Druckausgleich zu finden.

Zusammenspiel von dem Kopf-, Ajna- und dem Kehl-Zentrum.

Die Tücken des definierten Kopf-Zentrums

Je nach Definition liefert das Kopf-Zentrum den Druck, ständig alles zu durchdenken. Hier entstehen Zweifel und Verwirrung sowie die Suche nach neuen Antworten. Solange diese Energie richtig fließt, ist das ein wertvoller Beitrag zum großen Ganzen. Denn dann unterstützen all die hier gebildeten mentalen Konstrukte die Weiterentwicklung der Menschheit, indem sie dein Umfeld immer wieder inspirieren und zum Nachdenken anregen.

Deine Anregungen haben einen immensen Wert – aber nicht für deine eigenen Entscheidungen.

Problematisch wird die Energie deines Kopf-Zentrums für dich, wenn du in ein Ungleichgewicht gerätst und sie auf dich selbst und dein Leben abfeuerst. Denn wenn du beginnst, dich selbst, deine Art zu sein, zu leben, zu handeln, zu denken immer wieder infrage zu stellen, führt dich das auf den Holzweg. Dein Kopf- und Ajna-Zentrum können keine Lösungen für dein eigenes Leben liefern. Diese Funktion übernimmt (außer im Fall der mentalen Projektoren und Reflektoren) dein Körper bzw. deine innere Autorität.

→ Mehr dazu liest du auch im Kapitel zu den inneren Autoritäten.

→ Experiment
Versuche in den nächsten Wochen, deinen mentalen Prozessen auf die Schliche zu kommen. Was passiert, wenn du eine Lösung erdacht hast? Wo hakt der nächste Gedanke ein? Was geschieht, wenn du anderen Menschen deine Fragen stellst?

Wie nutzt du dein *definiertes* Kopf-Zentrum?

Funktional

Du bleibst entspannt, wenn deine Fragen auf dich einprasseln. Statt sie alle selbst und sofort beantworten zu wollen, gibst du deinen mentalen Denkprozessen Zeit und lässt die Antworten kommen. Die Tiefe deiner mentalen Weisheit nutzt du, um – wenn es passend ist – andere zu inspirieren.

Dysfunktional

Deine Fragen machen dich nervös und du hältst es nicht aus, keine klaren Antworten zu haben. Du bist ungeduldig und gerätst in einen Gedankenstrudel. Weil du keinen anderen Weg siehst, beziehst du deine mentale Unsicherheit auf dich selbst und zweifelst an dir und deinem Sein.

Das *offene* *Kopf*-Zentrum

64 61 63
47 24 4

70 % der Menschen haben ein offenes Kopf-Zentrum.

Du bist überaus empfänglich für Inspirationen aller Art.

Das macht dich mental leicht ablenkbar. Dein breites Interesse für vielfältige Themen macht es dir schwer, gedanklich bei einer Sache zu bleiben.

Ist dein Kopf-Zentrum offen, findest du wahrscheinlich an jeder Ecke Dinge, die dich zum Nachdenken anregen. Du bist empfänglich für alle möglichen Fragen. Du kannst dich für alles und jeden interessieren, egal, ob die Themen für dich und dein Leben relevant sind, oder nicht. Egal, ob sie dich überhaupt etwas angehen oder nicht. Du hast keinen beständigen inhaltlichen mentalen Fokus. Denn im Unterschied zum definierten Kopf-Zentrum, das seine Fragen selbst hervorbringt, kommen deine Inspirationen aus dem Außen – und damit auch der Druck (und das Interesse), dich mit immer neuen Themen auseinanderzusetzen. Somit ist das offene Kopf-Zentrum für eine gewisse Unfokussiertheit und Ablenkbarkeit verantwortlich. Vielleicht hast du Schwierigkeiten, dich über längere Zeit gedanklich auf etwas zu konzentrieren und bei der Sache zu bleiben. Vielleicht verlierst du dich häufig in Themen, die eigentlich gar nicht wirklich etwas mit dir und deinem Leben zu tun haben.

Gerade wenn eines oder mehrere Tore in deinem offenen Kopf-Zentrum aktiv sind, kann es für dich schwierig sein, in einen Zustand mentaler Ruhe zu gelangen. Du empfängst ständig Fragen nach dem Sinn der Vergangenheit, nach deiner inneren Wahrheit oder Zweifel in Bezug auf die Zukunft. Und da du den Druck der Fragen in deiner Offenheit sogar noch verstärkst, kann das zu endlosem Grübeln, bis hin zur Schlaflosigkeit führen.

Tipps für das *offene* Kopf-Zentrum

- *Mach dir immer wieder bewusst, wohin deine Fragen dich und deine Aufmerksamkeit leiten möchten. Sind es wirklich deine Themen?*
- *Nimm Verbindung zu deinem Körper auf, wenn du mental stark unter Druck stehst.*
- *Räume „da oben" regelmäßig auf: Sortiere deine Inspirationen, miste aus und sorge für Klarheit. Dein Mantra darf dabei lauten: Ist das meins oder kann das weg?*
- *Identifiziere die Quellen deiner Ablenkung und schütze dich, indem du z. B. die Benachrichtigungs-Töne deines Handys ausschaltest.*

Die Tücken des offenen Kopf-Zentrums

Wenn du ein offenes Kopf-Zentrum hast, kennst du es bestimmt, dass deine Gedankenschleifen dich auf den Holzpfad führen. Dann beschäftigst du dich viel zu lange mit Themen, die irrelevant für dich sind: Weder haben sie etwas mit dir zu tun noch bringen sie dich auf deinem Weg weiter. Und bevor du dich versiehst, befindest du dich in einem mentalen Strudel aus möglichen Fragen und Antworten, aus dem du nicht so leicht herauskommst. Eine gute Strategie ist es in diesen Zeiten, ganz bewusst in deinen Körper zu gehen. Frage dich: Wie geht es mir gerade? Was brauche ich jetzt? Was tut mir gut? Und folge deinen körperlichen Impulsen. So kannst du dich selbst wieder fühlen und kommst aus dem Gedankenwirrwarr zurück zu dir, in deinen Frieden.

Es kann dich viel Zeit kosten, dich mit irrelevanten Fragen auseinanderzusetzen.

Steige immer wieder bewusst aus dem Gedankenstrudel aus: Sport, Yoga, Meditation, Atmen oder eine kalte Dusche können dir dabei helfen.

Es ist auch wichtig für dich, über die Zeit ein Bewusstsein dafür zu entwickeln, welche gedankliche Nahrung du wirklich aufnehmen und gedanklich verarbeiten möchtest und welche nicht. Zu viele Inspirationen und Themen überfordern dich irgendwann und lassen dir keinen Raum, dich selbst zu finden.

Hand aufs Herz: Kehrst du lieber vor fremden Haustüren, statt unter den eigenen Teppich zu schauen?

Das Potenzial des offenen Zentrums

Die Gabe deines offenen Kopf-Zentrums ist, zu erkennen, welche Fragen wirklich dazu dienen können, Zweifel und Verwirrung zu überwinden. Du hast das Potenzial unter all den Fragen und Antworten unserer Zeit, die wirklich nützlichen Inspirationen zu identifizieren und für den weiteren Prozess zu qualifizieren. Auch darfst du für dich selbst herausfinden, welchen Fragen und Themen du wirklich nachgehen und deine kostbare Energie und Lebenszeit widmen möchtest.

→ Experiment
Beobachte in den nächsten Wochen deine mentalen Prozesse. Frage dich: Womit beschäftige ich mich wirklich? Nimm Berieselung als solche wahr. Schreibe auf, miste aus und gib acht, was es mit dir macht, den Kopf auf diese Art freizubekommen.

Wie nutzt du dein *offenes* Kopf-Zentrum?

Funktional

Du bist in der Lage zu unterscheiden, welche Inspiration für dich wichtig ist und welche nicht. Dabei bist du wählerisch, in dem, was du aufnimmst. Statt dich mit allen möglichem Input vollzustopfen, räumst du regelmäßig in deinem Kopf auf und sorgst für Klarheit. Du widerstehst der Versuchung aus deinem mentalen Druck heraus zu entscheiden und folgst deiner Strategie und Autorität.

Dysfunktional

Du setzt dich ständig geistigem Input aus und verlierst dich in der Unmenge an Themen und Fragen, die auf dich einstürzen. Du folgst allen möglichen Umwegen, statt bei dir selbst anzukommen. Du suchst ungefragt Antworten für die Probleme anderer – vielleicht der ganzen Welt.

Logbuch: Erkunde die Insel. Zeit für eigene Entdeckungen

Datum ____________

Die folgenden Anregungen können dich besser mit deinem Kopf-Zentrum in Verbindung bringen. Gehe sie aufmerksam durch und versuche die Energie in deinem Körper wahrzunehmen.

1. *Wenn du etwas recherchieren oder z. B. im Internet etwas suchen möchtest, kannst du das schnell und effizient umsetzen oder bist du schnell abgelenkt? Beschreibe eine derartige Situation.*

2. *Kannst du gedanklich manchmal voll und ganz abschalten? Beschreibe, in welchen Situationen dein Kopf wirklich leer ist – oder eben nicht.*

3. *Hast du das Gefühl, dass dein Verstand niemals schläft? Wie wirkt sich das auf dein Leben aus?*

4. *Gibt es bestimmte Themen, denen du deine Aufmerksamkeit hauptsächlich widmest – und auf die du immer wieder zurückkommst? Welche sind es?*

5. *Würdest du sagen, dass du dich grundsätzlich erst mal für so ziemlich alles und jeden interessierst? Halte fest, wie sich das äußert.*

6. Beschäftigst du dich meistens mit den Fragen von anderen – oder mit solchen, die mit dir oder deinem Leben eigentlich gar nichts zu tun haben? Nenne Beispiele.

7. Leidest du oft unter Schlaflosigkeit oder gar Kopfschmerzen, weil „da oben" einfach keine Ruhe herrscht?

8. *Hast du den Eindruck, andere mit deinen Fragen und Ideen stark zu inspirieren?*

9. *Beziehen sich deine Gedanken auf eine bestimmbare Zeitdimension? Denkst du vor allem über die Lehren aus der Vergangenheit, die Wahrheiten der Gegenwart oder die Fragen der Zukunft nach?*

Das Ajna-Zentrum

Das Ajna ist eines unserer drei Bewusstseinszentren. Es ist das Zentrum unseres Denkens. Hier entstehen die Bilder in unserem Kopf, die Meinungen und neuartige Einsichten.

Als Bewusstseinszentrum nimmt das Ajna-Zentrum eine wichtige Stellung in unserer Körpergrafik ein. Während das Milz- und Emotional-Zentrum uns über die Körpersinne und unsere emotionale Befindlichkeit zu einer bewussten Wahrnehmung der Welt verhelfen, ermöglicht uns das Ajna-Zentrum das Wahrgenommene in mentale Konzepte zu überführen. Es ist das Zentrum der gedanklichen Verarbeitung. Hier ist festgelegt (oder eben nicht), auf welche Art und Weise wir die Welt und das Geschehen um uns herum beobachten, bewerten und einordnen. Während im Kopf-Zentrum die Fragen entstehen, liefert das Ajna-Zentrum die Antworten. Das bedeutet nicht, dass diese wahr oder gar allgemeingültig sind – es sind vielmehr die Möglichkeiten deiner eigenen subjektiven Denkweise.

Die drei Denkrichtungen des Ajna-Zentrums: Vergangenheit, Gegenwart und Zukunft.

Das Ajna-Zentrum bietet uns drei unterschiedliche Richtungen, um Denkinhalte zu verarbeiten. Je nachdem, welche Tore aktiviert sind, können wir eine oder mehrere davon nutzen.

1. **In die Vergangenheit (Tore 47 und 11):** Denken ist ein gefühlsgetriebener, bildhafter und auf das Kollektiv bezogener Prozess. Sinnfindung findet in der Interpretation vergangener Erlebnisse statt.
2. **In die Zukunft (Tore 4 und 17):** Denken ist ein durchweg logischer, auf das Kollektiv bezogener Prozess. Es geht immer um logische Überprüfung bestehender Muster des Zusammenlebens und die Suche nach neuen Konzepten für eine bessere kollektive Zukunft.
3. **In die Gegenwart (Tore 24 und 43):** Denken ist ein vollkommen individueller, auf das eigene Erleben bezogener Prozess. Einsichten entstehen über spontane Eingebungen im Jetzt, die eine verändernde Wirkung auf andere entfalten können.

Der Verstand galt über die letzten Jahrhunderte als der einzig wahre Platz, um Entscheidungen zu treffen. Erst in jüngster Zeit schenkt das allgemeine Verständnis unserer Körperintelligenz mehr Aufmerksamkeit. Aus der Perspektive des Human Design Systems keine Überraschung, denn für uns ist längst klar: Der Verstand kann nur als externe Autorität funktionieren, also anderen bei der Entscheidungsfindung helfen. Seine Stärke liegt darin, Geschehenes einzuordnen, zu analysieren – und seine Bewertungen weiterzugeben. Entscheidungen für das eigene Leben sollten aber (für die meisten von uns) aus dem Körper kommen.

*„Viel Leid und viel Unglück entstehen, wenn du jeden Gedanken, der dir durch den Kopf geht, für die Wahrheit hältst. Situationen machen nicht unglücklich. Sie mögen physische Schmerzen verursachen, aber sie machen nicht unglücklich. Deine Gedanken machen dich unglücklich.“ (Eckhart Tolle**)*

Du gerätst in ein ergebnisloses und energieraubendes Grübeln über eine Lebensentscheidung? Egal, ob dein Ajna-Zentrum definiert ist oder nicht: Du bist höchstwahrscheinlich auf dem Holzweg. Deine Wahrheit findest du nicht in deinem Kopf. Verbinde dich mit deinem Körper – und vertraue auf deine Autorität.

Merke: Dein Ajna-Zentrum ist nicht der Ort, an dem du Entscheidungen treffen solltest.

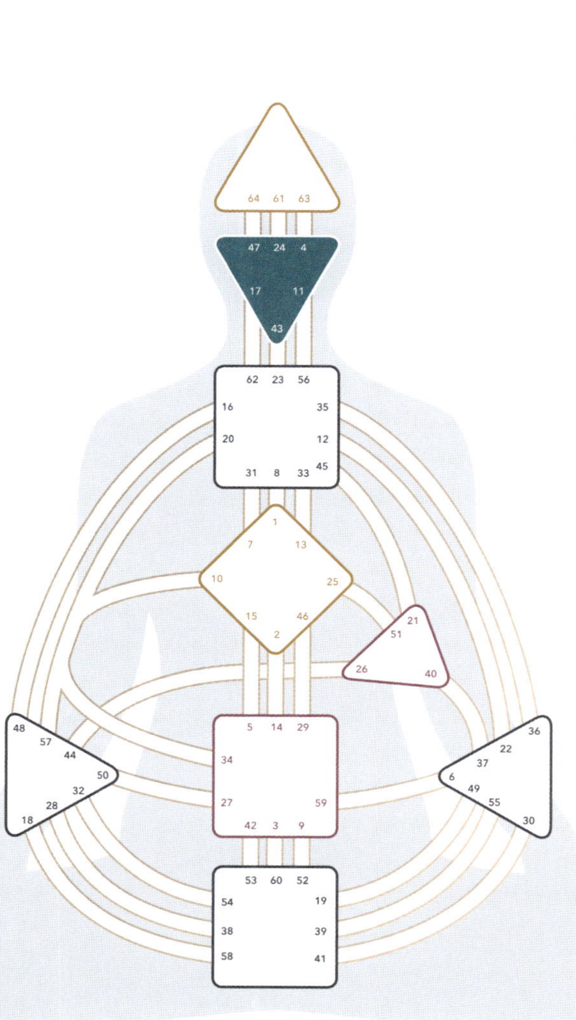

Das Ajna-Zentrum *im Blitzlicht:*

- *Bewusstseinszentrum*
- *Verarbeitung von Denkinhalten*
- *mentale Abbildung der Welt*
- *Konzeptionalisierend*
- *Spielfeld für vielfältige Hypothesen und Anwortmöglichkeiten*

Das *definierte* Ajna-Zentrum

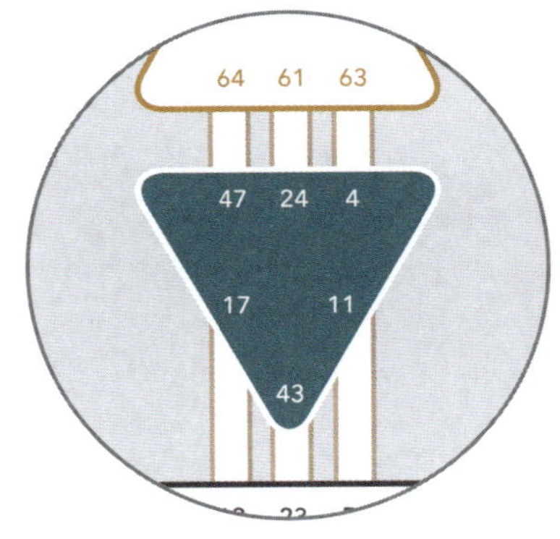

47 % der Menschen haben ein definiertes Ajna-Zentrum.

Immer eine stabile These, stets eine gute Idee.

Verfügst du über ein definiertes Ajna-Zentrum, ist es gut möglich, dass du dich selbst als Kopfmensch bezeichnest. Auf deinen Verstand ist Verlass. Er arbeitet gut und gerne. Dabei hat er seine festgelegte Art und Weise mentale Informationen zu verarbeiten. Das versetzt dich in die Lage, Informationen, Fakten oder Bilder in immer neue Konzepte und Ideen weiterzuentwickeln. Du durchdringst Sachverhalte schnell und findest zuverlässig Lösungen. Wahrscheinlich macht dir das Nachdenken, das Spiel mit Ideen, die Suche nach mentalen Konzepten Spaß. Eine Fähigkeit, die auch für andere von großem Wert sein kann: Du inspirierst, regst an und sorgst für mentale Bewegung. Zudem hast du ein gutes Gedächtnis, kannst Inhalte problemlos abspeichern und bei Bedarf wieder hervorholen.

Das Ajna-Zentrum dient u. a. der Thesenbildung, dem Hervorbringen von Ideen. Verwechsle diese nicht mit der Wahrheit.

Deine Stabilität im Denken schenkt dir eine große mentale Sicherheit. Vielleicht hast du auch den Eindruck, du hättest „die Welt verstanden" und dein Blick auf die Dinge sei unverrückbar, der einzig mögliche. Gleichzeitig fällt es dir gegebenenfalls schwer, dich auf andere Meinungen einzulassen. Vielleicht sind dir auch schon Sätze wie die Folgenden über die Lippen gekommen: „Ich verstehe einfach nicht, wie man so denken kann." oder „Das will mir einfach nicht in den Kopf!" Interessanterweise gehen die meisten Menschen mit definiertem Ajna-Zentrum felsenfest davon aus, völlig offen für andere Denkweisen zu sein: „Ich bin total open-minded." Fühlst du dich ertappt? Zu Recht: Denn diese mentale Offenheit ist eine Illusion. Das bedeutet nicht, dass du ein verschlossener Mensch bist. Aber du kannst eben nur denken, was du denken kannst.

Tipps für das *definierte* Ajna-Zentrum

- *Glaube nicht alles, was du denkst – gerade wenn es um dein eigenes Leben geht.*
- *Dein Gedankennetz ist nicht das einzige auf dieser Welt. Es gibt noch so viele andere Möglichkeiten, sich durch die mentale Landschaft zu bewegen.*
- *Überprüfe gerne auch mit anderen gemeinsam deine Glaubenssätze. Sie können hartnäckig sein.*

- *Triff keine Entscheidungen aus dem Verstand heraus!*
- *Achte behutsam auf deinen Körper. Er signalisiert dir, wo es wirklich langgeht.*

Manche Denkrichtungen bleiben dir schlichtweg verborgen. Dein Verstand arbeitet wie in einem Schienennetz. Er bringt dich sicher und zuverlässig von einem Ort zum anderen. Dabei herrscht ein reges Treiben. Ein Gedanke folgt auf den nächsten, Stillstand gibt es so gut wie nie. Ständig werden die hineinströmenden Informationen verarbeitet und als Antwortmöglichkeit wieder ausgespuckt. Dabei kannst du gewisse Weichenstellungen vornehmen, im Grunde aber sind die Abläufe festgelegt. Soll heißen: Du transportierst mentale Inhalte stets auf dieselbe Art durch deinen Denkapparat. Von einer einmal gefassten Meinung bist du nicht ohne Weiteres abzubringen – es sein denn, es gibt neue Informationen. Diese müssen zunächst denselben mentalen Prozess durchlaufen – und entweder für gültig oder ungültig befunden werden. Da gibt es kein Querfeldein, keine U-Turns und Abkürzungen.

Hat dein Ajna-Zentrum einen Anschluss zum Kehl-Zentrum, bist du wahscheinlich auch sehr ausdruckssicher und kannst gut reden bzw. argumentieren. Wichtig ist nur: Warte auf Menschen, die dich dazu einladen.

Während diese Begrenztheit deines Schienennetzes dich natürlich auf gewisse Art und Weise einengt, bietet es dir auch einen sicheren Raum für mentale Experimente, für Gedankenspiele und intellektuelle Abenteuer. Und genau so solltest du ihn auch verstehen: Dein Verstand darf dich (und andere) unterhalten, darf Freude bereiten, das Steuer aber solltest du ihm nicht überlassen. Dein Verstand liefert nicht dir die Antworten für dein Leben, sondern bietet sie anderen an.

Wie stark dein Verstand auch ist – überlasse ihm nicht die Führung.

Sich nicht in der mentalen Triebsamkeit zu verlieren, kann durchaus herausfordernd sein. Verbinde dich daher immer wieder mit deiner inneren Autorität. Nur hier kannst du Sicherheit für Lebensentscheidungen finden. Im Angesicht des Trubels, der da oben herrschen kann, ist hier ein großes Maß an Achtsamkeit geboten. Achte auf die Signale deines Körpers!

→ Experiment
Beobachte dich in den nächsten Wochen in Entscheidungssituationen, zum Beispiel bei der Auswahl eines Kinofilms, eines Restaurants oder deines Essens. Versucht dein Verstand, die Entscheidung an sich zu reißen? Was ist die Folge?

Wie nutzt du dein *definiertes* Ajna-Zentrum?

Funktional
Du genießt das Denken und die Zuverlässigkeit deines Verstandes. Du nimmst Informationen auf und verarbeitest sie weiter. Damit unterstützt du andere in ihrem Denkprozess. Zur Entscheidungsfindung aber verlässt du dich auf deine innere Autorität.

Dysfunktional
Du versuchst alle Informationen in deine eigene Denkstruktur einzupassen und blendest andere Sichtweisen aus. Du machst deinen Verstand zum Chef und lässt ihn die Entscheidungen in deinem Leben treffen.

Das *offene* Ajna-Zentrum

64 61 63
47 24 4
17 11
43

53 % der Menschen haben ein offenes Ajna-Zentrum.

Dank deiner mentalen Flexibilität und Wandelbarkeit bist du in der Lage, wirklich in die Gedankenwelten deiner Mitmenschen einzutauchen.

Dank der verstärkenden Wirkung des offenen Ajna-Zentrums denkst du dabei oft sogar noch schneller als die anderen Beteiligten.

Ist dein Ajna-Zentrum offen, bist du im Denken nicht festgelegt. Es gibt für dich nicht die *eine* zuverlässige Art und Weise mentale Inhalte zu verarbeiten. Du denkst flexibel, bist offen für die Konzepte, Meinungen und Theorien anderer und kannst diese wahrscheinlich sehr schnell erfassen. Das ermöglicht dir, Themen von allen Seiten zu beleuchten und zu durchdringen. Mit der Zeit kannst du so zu einem echten Experten auf deinen Gebieten avancieren und neue, vielleicht bahnbrechende Denkwege einschlagen (Albert Einstein hatte ein offenes Ajna-Zentrum). Dank deiner Offenheit kannst du z. B. in Diskussionen die unterschiedlichen Sichtweisen wirklich nachvollziehen. So durchschaust du rasch die Argumentationsketten der verschiedenen Parteien und bist in der Lage zu beurteilen, wessen Meinung oder mentales Konzept stimmig ist oder Wert hat. Das macht dich zu einem idealen Impulsgeber. Indem du deine Beobachtungen teilst und deine Fragen einbringst, ermöglichst du es, Konzepte sinnhaft weiterzuentwickeln. Wichtig ist für dich zu erkennen, dass nicht alle Inhalte deine sind oder sein müssen. Du wirst dir nicht alles merken können. Lass also lieber gleich wieder los, ansonsten droht ein Gedanken- oder Notizenchaos, das dich nicht weiterbringen wird.

Da dein Ajna-Zentrum kein zuverlässiger Partner ist, kennst du vielleicht eine gewisse mentale Unsicherheit.

Wie in allen offenen Zentren bringt die Flexibilität auch eine gewisse Unsicherheit mit sich. So fällt es dir eventuell schwerer in spontanen Wortgefechten an vorderster Front mitzueifern. Vielleicht kannst du manchmal deine Meinung nicht so schnell und gut in Worte fassen, wie du gerne möchtest. Das kann zu einem Gefühl der Unzulänglichkeit führen, das viele noch aus der Schulzeit kennen. Irgendwie konntest du dich nie so richtig auf die Verfügbarkeit der Lerninhalte verlassen. Du wusstest nie, ob dein Verstand die richtigen Lösungen „ausspucken" würde. Das führte zu unangenehmen Erfahrungen und peinlichen Momenten, die nicht zuletzt in unserem allzu starren Schulsystem begründet sind. Als Reaktion darauf hast du über die Zeit einige Strategien entwickelt, um deine mentale Unsicherheit zu verbergen – und wendest sie heute noch an.

Tipps für das *offene* Ajna-Zentrum

- *Lass die Überzeugung hinter dir, dass du immer alles sicher wissen musst.*
- *Genieße deine Fähigkeit, dich in unterschiedlichste mentale Konzepte eindenken zu können.*
- *Werde dir bewusst darüber, dass es die EINE Wahrheit nicht gibt, sondern nur Meinungen.*
- *Genieße deine Kreativität und Offenheit für vielfältige, neuartige Denkwege.*

Vielleicht ist es ein übermäßiges Vorbereiten auf Präsentationen oder Prüfungen, vielleicht ein zu voreiliges „mentales Aufgeben" im Sinne von: „Dafür bin ich eh nicht schlau genug, das verstehe ich eh nicht." Oder du gehst ins Gegenteil und versuchst besonders angestrengt deine Meinung zu vertreten und durchzudrücken – obwohl du dich gar nicht wohl damit fühlst.

Die Fokussierung auf den Verstand und damit einhergehende Selbstzweifel oder gar Minderwertigkeitsgefühle sind typisch für Menschen mit offenem Ajna-Zentrum – und vollkommen fehl am Platz! Doch leider ist die Vorherrschaft des Verstandes noch immer tief in unserem rational geprägten Gesellschaftssystem verankert. Überall wird uns suggeriert, dass der Zustand von Klarheit, Wahrheit und Stabilität das Ergebnis eines mentalen Prozesses sei. Dabei wissen wir doch: Die wahre Weisheit liegt im Körper. Und so gilt gerade für dich mit deinem offenen Ajna-Zentrum: Besinne dich in mental herausfordernden Situationen auf deine innere Autorität. Sie wird dir zeigen, wann du gut genug vorbereitet bist, wann dein Einsatz ist und wie du die Anwesenden am besten mitnimmst. Wenn du dieses Vertrauen entwickelst, kannst du die Funktionsweise deines Verstandes viel besser für dich nutzen – und z. B. in Präsentationssituationen sicher durch das mentale Netz der Anwesenden navigieren, die richtigen Anschlüsse erwischen und deine Inhalte passgenau abliefern.

Merke: Dein offenes Ajna-Zentrum wird nie ein sicherer Ort für dich sein. Er ist und bleibt ein flexibler Erfahrungsraum.

Verabschiede dich vom Irrglauben an die Vorherrschaft des Verstandes. Verbinde dich mit deiner Autorität und lerne ihr zu vertrauen.

Du darfst dich viel häufiger mental zurücklehnen: Du bist nicht dafür gemacht, mit deinem Verstand immer gleich „loszuschießen". Deine große Gabe ist das Zuhören, Genießen, Staunen, und auch das Leiten und Lenken. Denn während Menschen mit definierten Ajna-Zentren sich zeitweise fast schon blind auf ihren vorgeprägten Denkbahnen bewegen, darfst du dir das Ganze gewissermaßen aus erhöhter Pespektive anschauen. Du erkennst, wo sie feststecken, kannst sie durch geschickte Ablenkungen aus der Komfortzone holen und auf neue Wege bringen. So bist du in der Lage, festgefahrene Umstände aufzulockern und ein Weiterkommen zu bewirken. Das kann spannend, lustig, unterhaltsam, lehrreich und auch ermüdend sein. Deshalb ist das vielleicht Beste an deiner Flexibiltät: Du darfst jederzeit aussteigen, querfeldein weiterdenken oder auf ganz andere Konzepte umsatteln. Und manchmal, darfst du auch einfach stehen bleiben und den Stillstand genießen.

→ Experiment
Beobachte dich in den nächsten Wochen in Gesprächssituationen: Hast du das Gefühl anderen mental unterlegen zu sein? Was passiert, wenn du dich zurücklehnst und dir deine Vogelperspektive klarmachst?

Wie nutzt du dein *offenes* Ajna-Zentrum?

Funktional

Du nutzt deine Offenheit und Flexibilität, um neue Denkwege zu beschreiten. In Redesituationen wartest du, was sich zeigt – und vertraust auf deine innere Autorität. Du erkennst und akzeptierst, dass du kein Meinungsmacher bist und gibst auch nicht vor, einer zu sein. Du weißt, dass du dir nicht alles merken kannst und lässt Inhalte auch wieder los. Du erkennst, welche Gedankengänge wertvoll sind. Du entspannst dich mental.

Dysfunktional

Du versuchst, in allen Themen mental sicher zu sein – und kompensierst deine Instabilität durch ausuferndes Lernen, durch Notizen über Notizen, durch Nachahmen anderer. Deine vermeintliche Meinung vertrittst du gerne mit Nachdruck und möchtest auch andere davon überzeugen.

Logbuch: Erkunde die Insel. Zeit für eigene Entdeckungen

Datum ___________

Die folgenden Anregungen können dich besser mit deinem Ajna-Zentrum in Verbindung bringen. Geh sie nacheinander durch, nimm dir Zeit und versuche die Energie in deinem Körper wahrzunehmen.

1. *Hast du das Gefühl, dass du an manchen Tagen sehr gut und schnell denken und verstehen kannst – und an anderen Tagen gar nicht? Schreibe einige Beispiele auf.*

2. *Hältst du dich für sehr offen für die Meinungen und Ideen anderer? Wie weit gehst du diese mit? Nenne einige Beispiele.*

3. Kannst du dich grundsätzlich mit allen möglichen Meinungen anfreunden und diese nachvollziehen oder hat deine mentale Offenheit Grenzen?

4. Bist du vergesslich und schreibst lieber alles auf – oder hast du generell ein gutes Gedächtnis? Wie merkst du dir Sachen? Beschreibe.

5. Ändert sich deine Meinung und Denkweise, je nachdem, mit wem du im Austausch bist? Oder würdest du sagen, du hast eine recht feste Meinung, für die du auch problemlos über einen längeren Zeitraum einstehen kannst?

6. Hast du das Gefühl, schnell und treffsicher mentale Stärke bei anderen erkennen zu können?

7. Welche Bedeutung hat dein Verstand für dich? Wie schätzt du deinen Verstand ein? Welche Rolle spielt deine Gedankenwelt?

8. Siehst du dich als Kopfmensch?

9. Spielst du gerne mit Worten und Ideen? Bereiten dir Diskussionen Freude? Erläutere.

10. Neigst du dazu, dich sehr ausgiebig auf Präsentationen oder Prüfungen vorzubereiten? Lernst du beispielsweise auswendig?

Das *Kehl-Zentrum*

Kommunikation, Manifestation, Metamorphose: Das Kehl-Zentrum lässt unsere inneren Impulse wahrnehmbar ins Außen treten.

Alle Energie will zum Kehl-Zentrum.

Das Kehl-Zentrum nimmt unter allen Zentren der Körpergrafik eine Sonderstellung ein. Es ist weder Motor noch bringt es Bewusstsein. Es arbeitet vielmehr wie eine Schaltzentrale, die unsere Energie in eine für andere wahrnehmbare Form übersetzt: in Sprache oder Handlung. Da alle Kanäle unseres Körpers zum Kehl-Zentrum streben, herrscht hier ein steter Druck. Die Energie will freigesetzt werden. Kein Wunder also, dass wir Menschen ständig meinen, irgendetwas sagen oder machen zu müssen. Dabei klopfen zwei ganz unterschiedliche energetische Sphären an die Tore des Kehl-Zentrums. Zum einen ist da das Reich des intellektuellen Verstandes. Von hier aus gelangen theoretische Konzepte, Geschichten, Einsichten und Meinungen an die Schwelle des Ausdrucks. Zum anderen ist da die Welt des Körpers, die unsere Gefühle, Willenskraft, Intuition und auch unser individuelles Selbstverständnis zur Wahrnehmung bringen möchte.

Das Kehl-Zentrum versetzt uns ins Handeln.

Das Kehl-Zentrum ermöglicht uns also, mit unseren Impulsen ins Außen zu treten, Ideen und Vorhaben umzusetzen, zu sein, wer wir sein wollen. Die Möglichkeiten des Ausdrucks sind dabei mannigfaltig. So kann das Kehl-Zentrum die Impulse fast aller Zentren in Sprache und Handeln übersetzen:

- unsere Lebensenergie und Lust (Sakral-Zentrum)
- unsere Instinkte und Intuition (Milz-Zentrum)
- unsere Gefühle und Stimmungen (Emotional-Zentrum)
- unsere Willenskraft (Ego-Zentrum)
- unsere Richtung und Identität (G-Zentrum)
- unsere Gedanken und Konzepte (Kopf- und Ajna-Zentrum)

In keinem anderen Zentrum finden sich so viele Tore, also Anschlussmöglichkeiten an die Energie anderer Zentren wie hier. Sie beeinflussen, wie wir sprechen, handeln – in der Welt wahrnehmbar werden. Einzig das Wurzel-Zentrum mit seiner kraftvollen, existenziellen Energie hat keinen direkten Zugang zum Kehl-Zentrum – was gut so ist. Denn ungebremst wäre diese reine Überlebensenergie zu kraftvoll und zu gefährlich im Miteinander.

Das Kehl-Zentrum wählt nicht: Es bringt ins Außen, was energetisch ankommt. Es dient dem reinen Ausdruck.

Wichtig ist zu beachten, dass das Kehl-Zentrum über keine Bewusstheit verfügt

Es funktioniert rein mechanisch, indem es wie ein Ventil dem Druck der anderen Zentren nachgibt und deren Energien freisetzt. Im Grunde hat alle Energie also zunächst einmal die Möglichkeit durch uns in die Welt zu kommen, also sicht- oder hörbar zu werden. Das stellt uns vor die Herausforderung, unseren Ausdruck bewusst zu steuern – über die Hinwendung zu unserer inneren Autorität und Strategie.

Merke: Über unsere innere Autorität und Strategie können wir die Äußerungen des Kehl-Zentrums kontrollieren.

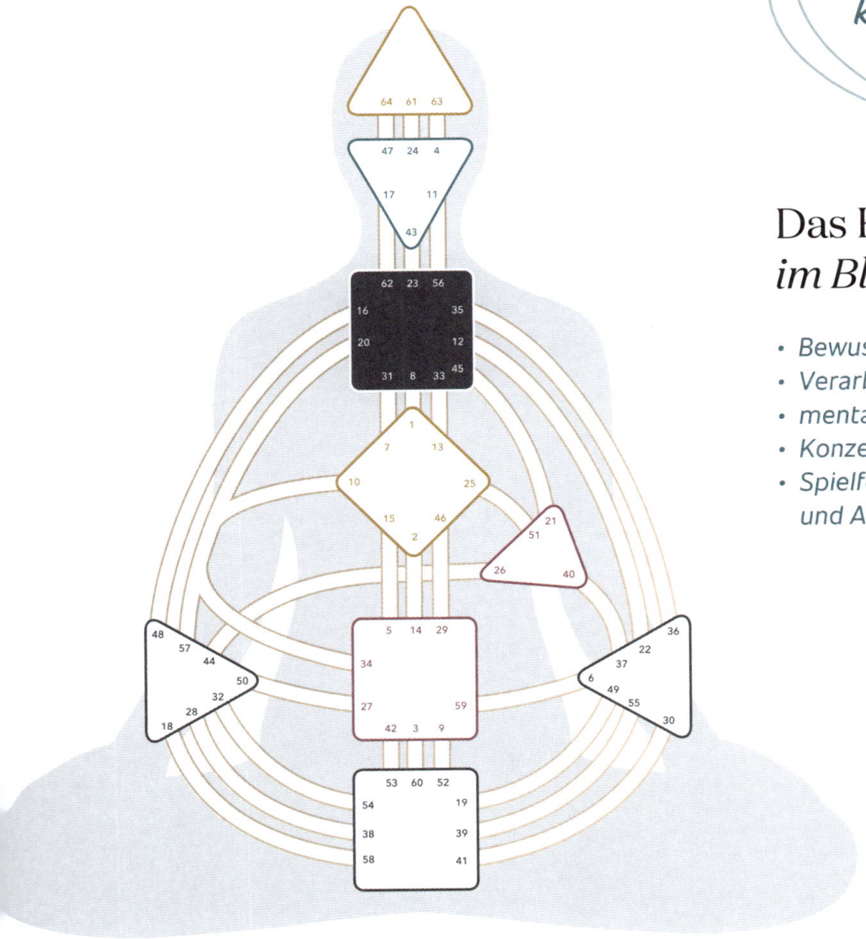

Das Kehl-Zentrum *im Blitzlicht:*

- *Bewusstseinszentrum*
- *Verarbeitung von Denkinhalten*
- *mentale Abbildung der Welt*
- *Konzeptionalisierend*
- *Spielfeld für vielfältige Hypothesen und Anwortmöglichkeiten*

Das *definierte* *Kehl*-Zentrum

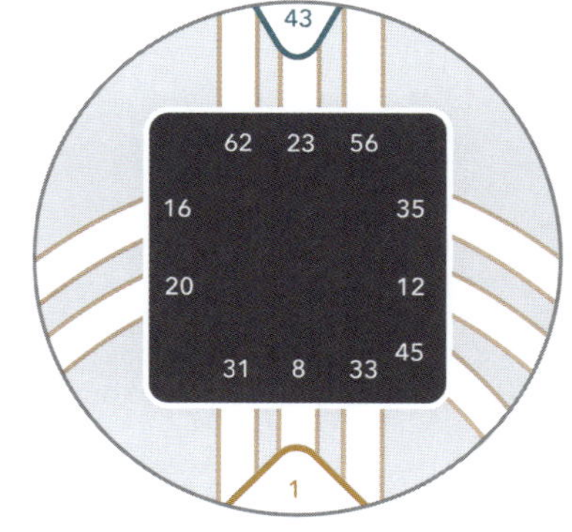

72 % der Menschen haben ein definiertes Kehl-Zentrum.

Ein definiertes Kehl-Zentrum schenkt viel Sicherheit im Ausdruck.

Wenn dein Kehl-Zentrum definiert ist, gehörst du zu jenen Menschen, die sich leicht Aufmerksamkeit und Gehör verschaffen können. Du hast eine festgelegte Art und Weise, dich auszudrücken und/oder etwas zu manifestieren. Das gibt dir Sicherheit im Kontakt mit dem Außen. Was du sagen und machen willst, kommt genau so auch in die Welt. Darauf kannst du dich verlassen. Dein Ausdruck hinterlässt in jedem Fall einen Eindruck in deinem Umfeld – auf die eine oder andere Art. So gesehen kann das Kehl-Zentrum mit einem Lautsprecher verglichen werden, der Energie und Gedanken umwandelt und für andere wahrnehmbar macht. Ob das Gesagte Gehör bzw. deine Taten positive Aufmerksamkeit finden, steht allerdings auf einem anderen Blatt.

Die Herausforderung ist, das richtige Maß zu finden.

Manifestoren und Manifestierende Generatoren dürfen hier besonders achtsam sein.

Und damit sind wir auch schon bei der Herausforderung für Menschen mit einem definierten Kehl-Zentrum: das richtige Maß für deine Äußerung finden. Aufgrund seiner mechanischen Funktionsweise bzw. mangelnden Bewusstheit bringt das Kehl-Zentrum nämlich zunächst einmal wahllos die Impulse der anderen Zentren nach außen. So steht es allzu oft im Dienste der übermächtigen Konditionierungen des Verstandes und natürlich der jeweiligen Definitionen. Das Ergebnis ist ein Zuviel an Ausdruck: Man redet zu viel, macht zu viel, setzt zu viel um – und überrennt mit dem eigenen Energiestrom alle anderen. Das kann eine Menge Widerstand provozieren oder gar Schaden anrichten. Gerade wenn du eine Motorverbindung zum Kehl-Zentrum hast (Manifestoren und Manifestierende Generatoren), kann es schwer sein, das richtige Maß im Ausdruck zu finden.

Tipps für das *definierte* Kehl-Zentrum

- *Manchmal ist weniger mehr!*
- *Achte darauf, ob dir wirklich jemand zuhört, bevor du redest.*
- *Folge nicht jedem Impuls, manche Einsichten sind nur für dich.*
- *Warte auf die Einladungen.*
- *Nutze deine Strategie und Autorität, um das richtige Timing für Kommunikation oder Handlung zu finden.*

Oft verführt der direkt an die Kehle angeschlossene Motor dazu, viel zu viel und viel zu schnell zu reden, dabei immer nur das eigene platzieren zu wollen – und andere nicht zu Wort kommen zu lassen.

Befrage deine innere Autorität, bevor du in den Ausdruck gehst.

Daher ist es im Hinblick auf die Aktivität deines definierten Kehl-Zentrums wichtig, dass du wirklich nach deiner Strategie lebst und auf deine innere Autorität hörst. Ist die positive Reaktion des Sakral-Zentrums da, ist das Emotional-Zentrum richtig gestimmt, sagt die Milz Ja, steht die Willenskraft des Ego-Zentrums zur Verfügung … ?

→ Experiment
Achte bei den nächsten Gelegenheiten im Kontakt mit anderen darauf, weniger vorzupreschen. Warte stattdessen zunächst auf stimmige Einladungen und das „Go“ deiner inneren Autorität. Wie verändert sich die Wirkung deiner Worte und Taten? Beobachte die Reaktionen.

Übrigens: Die meisten Tore am Kehl-Zentrum haben Projektorqualität: Um ihre Wirkung auf eine stimmige und korrekte Art und Weise entfalten zu können, müssen sie eingeladen werden. Das bedeutet: Die meisten Menschen mit definiertem Kehl-Zentrum sollten warten, bis sie zum Sprechen bzw. Handeln eingeladen werden. Solange deine innere Autorität oder Strategie also nicht ausdrücklich etwas anderes für dich vorsieht, gilt das auch für dich. Warte also stets auf die Einladung. Nur so kannst du die Ausdrucksfähigkeiten deines Kehl-Zentrums stimmig nutzen. Nur so können deine wertvollen Impulse auch ihre richtige Wirkung entfalten.

Achtsam genutzt, macht dein definiertes Kehl-Zentrum dich zu einem wirkungsvollen Kommunikationstalent mit einem besonderen, ganz eigenen Ausdruck.

Wie nutzt du dein *definiertes* Kehl-Zentrum?

Funktional
Du bist ausdrucksstark und hast eine festgelegte Art zu reden und/oder zu handeln. Du nutzt deine Strategie und innere Autorität für das richtige Timing und wartest auf die Einladung.

Dysfunktional
Du redest und handelst im Übermaß und bereits aus dem kleinsten Impuls heraus. Du achtest nicht darauf, ob dein Gegenüber offen und bereit ist, deine Energien aufzunehmen und fährst ihm nicht selten über den Mund. Es kommt dir gar nicht in den Sinn, zunächst auf eine Einladung zu warten.

Das *offene* *Kehl*-Zentrum

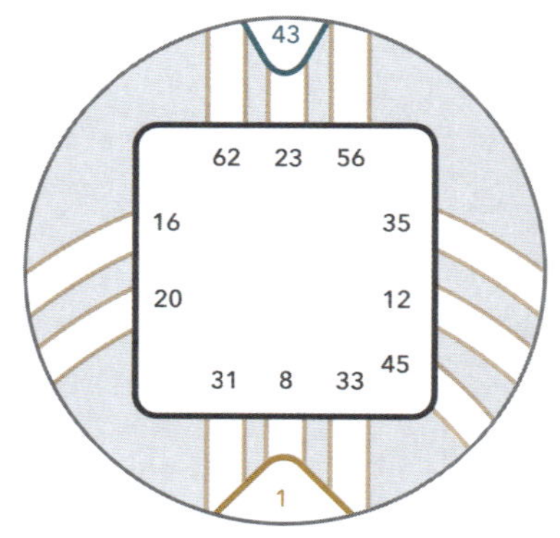

28 % der Menschen haben ein offenes Kehl-Zentrum.

Dein Spezialtalent ist, dass du dich auf jede Art der Kommunikation einstellen kannst.

Wenn dein Kehl-Zentrum offen ist, verfügst du über keine festgelegte Art, dich in der Welt auszudrücken. In dieser Hinsicht bist du ein Chamäleon: Die Art wie du handelst und sprichst, hängt von deinem Umfeld, den Menschen in deiner Umgebung und dem jeweiligen Transit ab. Diese Offenheit schenkt dir einen Reichtum an Ausdrucksmöglichkeiten. Du hast mannigfache Stimmen und Handlungsmöglichkeiten, mit denen du dich in dieser Welt präsentieren kannst. Nur stehen sie dir nicht willkürlich, immer und zuverlässig zur Verfügung. Und das ist natürlich eine Herausforderung. Denn in unserer Welt, in der es so viel um Selbstdarstellung geht, wo jederzeit und immer gesprochen wird, ist es gut möglich, dass dein offenes Kehl-Zentrum in dir ein Gefühl der Unsicherheit auslöst: Vielleicht spürst du ständigen Druck, dir irgendwie Gehör verschaffen, irgendwie auffallen zu müssen? Vielleicht fühlst du dich oft überhört oder übersehen?

Menschen mit undefiniertem Kehl-Zentrum haben oft das Gefühl, übersehen zu werden.

Nimm den Druck raus, immer etwas sagen oder handeln zu wollen!

Der Druck auf dem offenen Kehl-Zentrum kann sehr groß sein und – wie alle offenen Zentren – verstärkt dein undefiniertes Kehl-Zentrum diesen sogar noch. Gerade wenn du einige Tore im Kehl-Zentrum definiert hast, kann es daher gut sein, dass du ständig versuchst, dich von diesem Druck zu befreien. Du machst und machst und redest und redest – wie ein plätschernder Bach – und ohne Ende. Denn Erleichterung bringt all das Gerede und die Geschäftigkeit natürlich nicht: Es ist ja nicht dein Druck, den du wahrnimmst, nicht deine Rede-Energie, sondern die der anderen. Ruhe und Entspannung kehren erst ein, wenn du alleine bist. Hinzu kommt, dass du oftmals mit deinen Worten und Taten nicht das erreichst, was du intendierst. Irgendwie hast du immer das Gefühl, niemand höre dir wirklich zu oder deine Handlungen kämen irgendwie nicht korrekt an.

Tipps für das *offene* Kehl-Zentrum

- *Den Druck zu reden und zu handeln loszulassen bringt Erleichterung und Frieden.*
- *Du bist auch in der Stille präsent. Vertraue darauf.*
- *Deine Wirkung entfaltet sich auch ohne Ausrufezeichen.*
- *Spiele mit deinem Talent für Sprachen und Dialekte – dieses Talent zu entdecken kann eine große Quelle des Vergnügens für dich sein.*
- *Versuche nicht deine Kommunikationshaltung künstlich festzulegen und zu planen, sondern schwing dich auf das ein, was andere mitbringen.*

Dieses Gefühl, nicht gesehen und gehört zu werden, ist typisch für Menschen mit einem offenen Kehl-Zentrum. Nicht selten versuchen sie auf andere Art und Weise aufzufallen, zum Beispiel über exzentrische Kleidung, Frisuren oder Lebensstile.

Es ist dein großes Lernthema, deine eigene starke Präsenz jenseits der Kehl-Energie wahrzunehmen. Zunächst einmal musst du realisieren, dass du nicht dafür gemacht bist, dich ständig ins Außen zu bringen. Du musst dich nicht selbst darstellen. Du bist immer schon da. Klingt da etwas – macht sich vielleicht Erleichterung breit? Genau diese wird mehr und mehr in dein Leben treten, wenn du die Gaben deines offenen Kehl-Zentrums erkennst und einzusetzen lernst. Du musst nicht immer sprechen und handeln, um wahrgenommen zu werden. Im Gegenteil: Gerade, wenn du bei dir bist, in der Ruhe, der Stille, wirkst du ungemein präsent und anziehend auf andere. Genau in diesen Momenten kommen dann die richtigen Menschen zu dir, nämlich jene, an deren Kehl-Energie du dich anschließen kannst, um deine jeweiligen Impulse zielgerichtet und wirksam zum Ausdruck zu bringen. Wann der richtige Moment gekommen ist, also die richtigen Einladungen und Energien für eine manifestierende Verbindung da sind, zeigen dir deine Strategie und innere Autorität. Mit ihrer Hilfe kannst du das für dich stimmige Umfeld kreieren. Und dann geht plötzlich alles ganz einfach von den Lippen – und von der Hand.

Nun darfst du die Gaben deines offenen Kehl-Zentrums genießen und dein großes Talent nutzen: deine Vielfältigkeit im Ausdruck. Vielleicht ist dir schon mal aufgefallen, dass du in Konversationen unwillkürlich die Sprechart deines Gegenübers übernimmst? Verfällst du manchmal unwillkürlich in Dialekte oder übernimmst sprachliche Ausdrücke anderer? Erwischt: Da kannst du es beobachten, dein offenes Kehl-Zentrum in Aktion. Menschen mit offenem Kehl-Zentrum sprechen oft mühelos andere Sprachen oder verschiedene Dialekte. Hier liegt ein großes Weisheitspotenzial verborgen. Nicht selten ist es am Ende der Mensch mit dem offenen Kehl-Zentrum, dessen Worte und Taten am Ende alles genau auf den Punkt bringen.

Menschen mit offenem Kehl-Zentrum sind oftmals viel präsenter, wenn sie nicht versuchen ihre Präsenz im Reden oder Handeln zu steigern.

Merke: Du brauchst ein stimmiges Umfeld, um dich so ausdrücken zu können, wie du es möchtest – und wie es für dich auf deinem Lebensweg stimmig ist. Höre also auf deine Strategie und Autorität, um immer wieder die richtigen Menschen zu finden.

→ Experiment
Widerstehe in den nächsten Gruppensituationen dem Druck, unbedingt etwas sagen oder machen zu müssen, um wirklich dabei zu sein. Sei stattdessen einfach in der Stille präsent, folge deiner Strategie und nimm die Signale deiner inneren Autorität wahr. Wie erreichen dich die Einladungen der anderen – und welche sind es?

Wie nutzt du dein *offenes* Kehl-Zentrum?

Funktional

Du bleibst ruhig und entspannt und vertraust auf deine eigene Präsenz – auch in der Stille. Du planst nicht, wann du was wie sagen willst, sondern handelst vertrauensvoll in der Energie des Moments. Du wartest auf die richtigen Einladungen und folgst deiner inneren Autorität.

Dysfunktional

Du hast das Gefühl, nie zu Wort zu kommen, nicht gesehen oder gehört zu werden. Weil du denkst, dass man in dieser Welt nur durch Sprache oder Handlung zum Ausdruck kommt, versuchst du ständig durch Worte oder Taten Aufmerksamkeit zu erregen bzw. den Druck loszuwerden. Ohne auf Einladungen zu warten, legst du einfach los.

Logbuch: Erkunde die Insel. Zeit für eigene Entdeckungen

Datum ____________

Die folgenden Anregungen können dich besser mit deinem Kehl-Zentrum in Verbindung bringen. Nimm sie mit in deinen Alltag und versuche, die Energie in deinem Körper wahrzunehmen.

1. Kannst du dich anderen grundsätzlich gut verständlich machen oder hängt dies davon ab, mit wem du zusammen bist?

2. Hören andere dir generell zu, wenn du sprichst? Oder hast du oft das Gefühl, dass deine Worte gar nicht durchkommen?

3. *Hast du manchmal das Gefühl, dass du mit unterschiedlichen Stimmen sprichst? Kannst du gut andere Dialekte nachahmen? Fällt dir die Aussprache fremdsprachiger Worte leicht? Nenne Beispiele.*

4. *Kommunizierst du zielsicher oder redest du dich manchmal gefühlt um Kopf und Kragen? Fällt es dir schwer auf den Punkt zu kommen? Beschreibe konkrete Situationen.*

5. Hast du oft das Gefühl übersehen oder überhört zu werden? Ist es wirklich so?

6. Redest du manchmal einfach nur, um zu reden – und den Druck der Stille nicht aushalten zu müssen? Ist es wirklich die Stille, die drückt?

7. Kennst du das Gefühl, gern mehr Aufmerksamkeit von anderen erhalten zu wollen – vor allem in Gruppenkontexten? Beschreibe.

8. *Kannst du es ertragen, einen Abend in Ruhe zu verbringen – auch wenn andere dabei sind?*

9. *Kommst du zu Wort, wenn du es willst – oder fahren dir andere oft über den Mund?*

ETAPPE 5

Lebe dein Design

Schöne *Aussichten*

Wow, welch eine Reise! Nach jeder Reise ist es irgendwann Zeit, in den Heimathafen zurückzukehren und die Erfahrungen und Abenteuer zu reflektieren. Deine Human Design-Selbstentdeckungsreise hat dich zu vielen, vielleicht bislang unbewussten Inseln deines Seins geführt. In den letzten Tagen, vielleicht auch Wochen hast du so viel gesehen, erfahren, gefühlt und gelernt. Du hast deine Körpergrafik erkundet, deinen Typ kennengelernt und alle neun Zentren durchwandert. Du hast entdeckt, wie die unterschiedlichen Energien sich anfühlen, wie sie sich in deinem Leben auswirken und sicher hast du Möglichkeiten erkannt, mehr du selbst zu sein. Du hast viel Mut bewiesen, du hast genau hingeschaut und vielleicht bist du mehr als je zuvor dem Menschen begegnet, der du wirklich bist.

Weißt du noch, wie du in dieses Abenteuer gestartet bist? Welche Gedanken und Gefühle dich bei der Abreise begleitet haben? Was hattest du als Gepäck dabei? Hast du schon jetzt Teile davon über Bord geworfen? Vielleicht inspiriert dich die folgende Wortwolke zu einem kleinen Fazit. Umkreise die Begriffe, die dir stimmig erscheinen.

Sicherheit
Mein Selbst
Fragen
Gesamtkunstwerk
Authentizität
Enttäuschung
Liebe
Möglichkeiten
Neugier
Energie
Weiterreisen
Veränderung
Nächste Schritte
Erkenntnis
Mein Weg
Lust
Weitermachen
Orchester
Holzweg
Dankbarkeit
Körperwissen
Gefühl
Ganzheit
Abenteuerlust

1. Welches Gefühl begleitet deinen Blick zurück?

2. Wie nimmst du den Unterschied zwischen Abreise und Rückkehr in den Heimathafen wahr? Beschreibe.

3. Wie hat sich dein Blick auf dein Selbst verändert? Was waren deine größten Aha-Erlebnisse? Nenne mindestens drei Beispiele.

4. Wie hat sich dein Gefühl für deinen Körper verändert? Beschreibe, wie du dich jetzt spürst.

5. Welche Inspirationen waren unterwegs hilfreich für dich? Wie kannst du diese im Alltag beibehalten? Nenne drei Beispiele.

6. Welchen Zugang hast du zu deiner Autorität und wie kannst du diesen weiter festigen? Beschreibe deine Ideen.

7. Wo vermutest du die größten Hürden und wie kannst du sie überspringen?

8. Was kann dir helfen, deine neuen Erkenntnisse und Veränderungswünsche ab jetzt in deinem Leben zu integrieren? Nenne drei Möglichkeiten.

Raum für deine Gedanken:

SOUVENIRS

Kopier-vorlagen

Human Design-*Körpergrafik* von ____________________

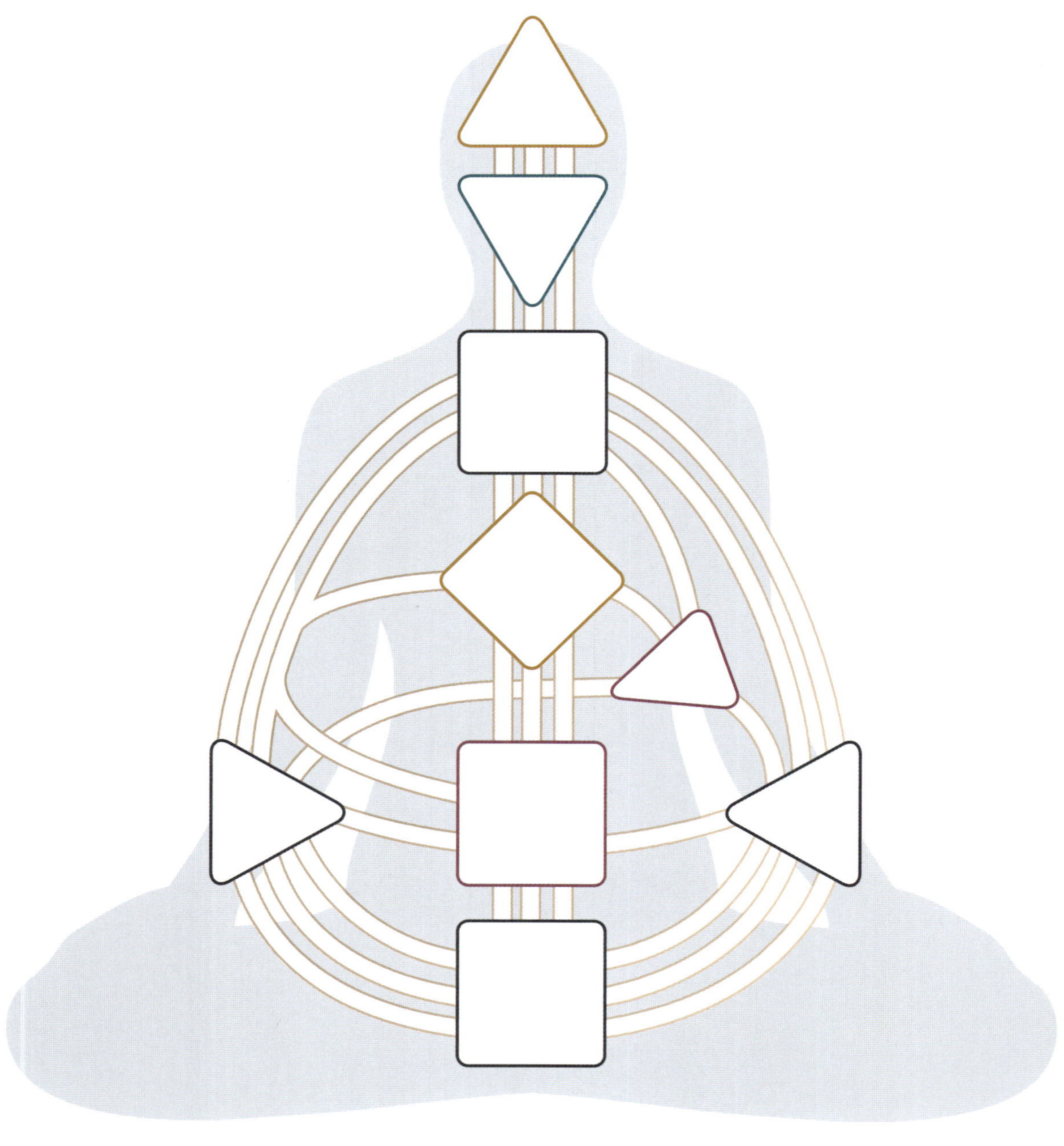

Raum für deine Gedanken:

Die *perfekte Welle*: Dein persönliches Wellendiagramm

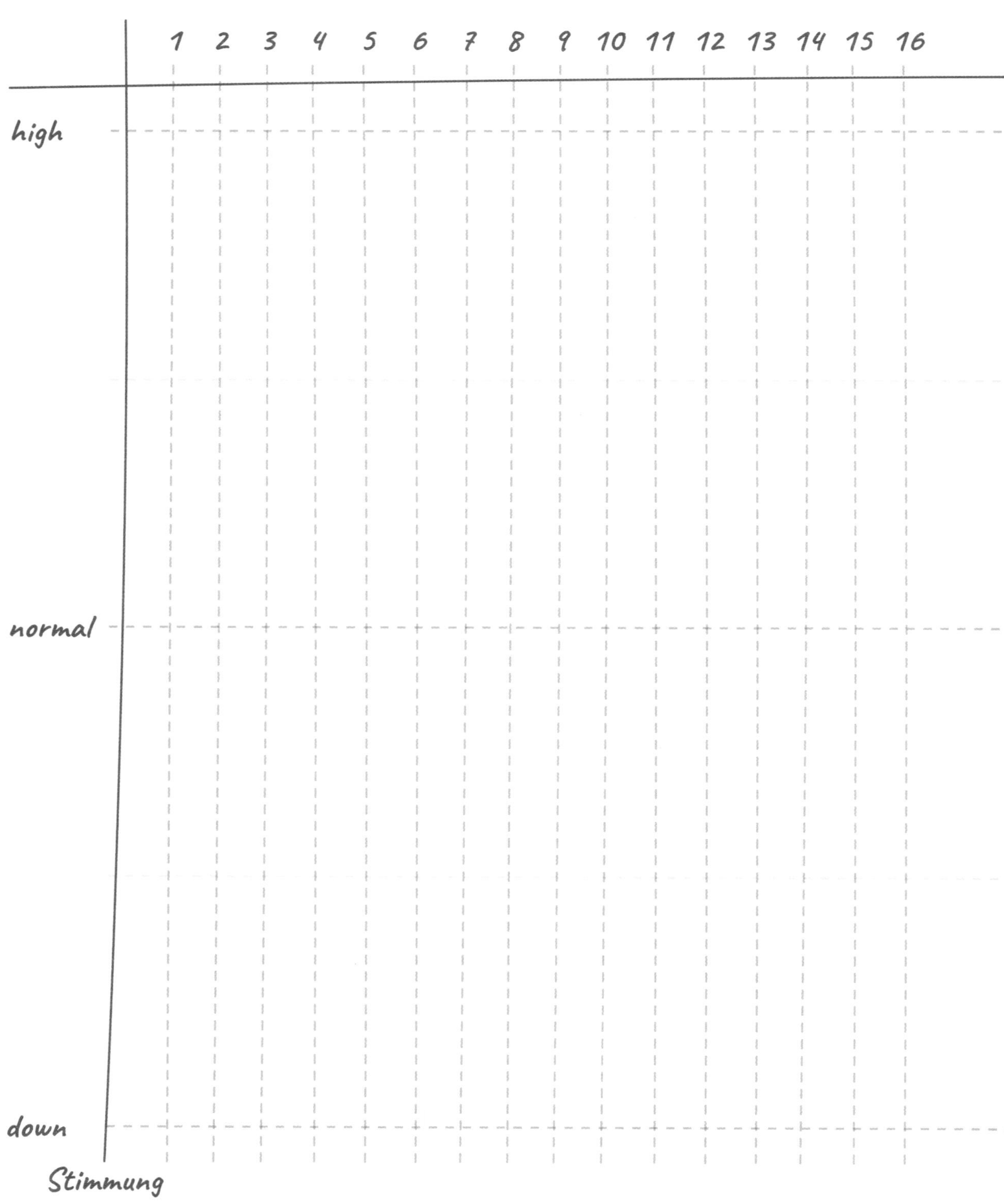

Mit diesem Wellendiagramm kannst du deine Stimmungen beobachten und herausfinden, wie deine emotionale Welle beschaffen ist. Am besten trägst du immer gleich morgens nach dem Aufstehen ein, wie du dich fühlst. Zeigt sich ein Muster?

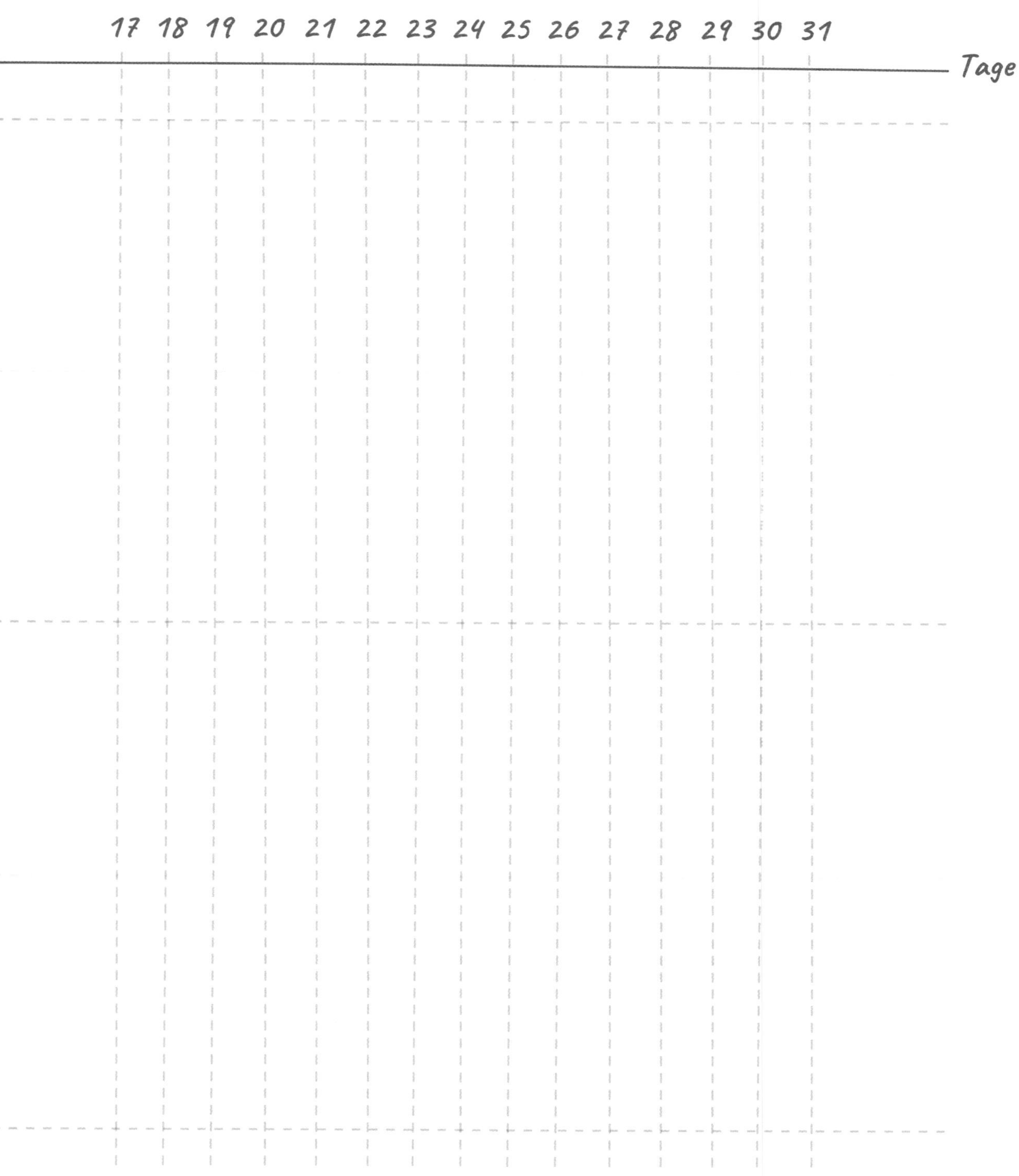

Beobachtung des Mondzyklus

Datum

Mondphase

heutiges Tor im Mond

Welcher Typ „bin" ich heute energetisch?

Meine Notiz zum Transit: Wie fühlt sich der Transit an?

Wie fühle ich mich?

Welche Themen stehen an?

Meine Aktivierungen (Zentren, Kanäle)

Weitere Beobachtungen

Beobachtung des Mondzyklus

Datum

Mondphase

heutiges Tor im Mond

☾

Welcher Typ „bin" ich heute energetisch?

Wie fühle ich mich?

Welche Themen stehen an?

Weitere Beobachtungen

Meine Notiz zum Transit: Wie fühlt sich der Transit an?

Meine Aktivierungen (Zentren, Kanäle)

Platz für weitere eigene Beobachtungen

Auflösung:

Na? Bei welchen Schauspielern lagst du richtig? Ist die Unterschiedlichkeit für dich wahrnehmbar?

Tom Cruise	●	*Leonardo DiCaprio*	○	*Brad Pitt*	○
Julia Roberts	●	*Meryl Streep*	○	*Reese Witherspoon*	●
Kate Winslet	○	*Catherine Zeta-Jones*	●	*Tom Hanks*	○
Johnny Depp	●	*Jack Nicholson*	○	*Jennifer Lawrence*	●

Platz für weitere eigene Beobachtungen

Nachfolgend findest du alle QR-Codes aus dem Buch auf einen Blick, damit du auf die entsprechenden Inhalte zugreifen kannst.

Human Design Academy
Website

Podcastfolge 51
Erfolgreich im Business
als Projektor

Human Design Academy
Chartrechner

Podcastfolge 52
Erfolgreich im Business
als Manifestor

Jovian Archive Human Design
Chartrechner

Podcastfolge 53
Erfolgreich im Business
als Reflektor

Human Design Academy
Instagram

Podcastfolge 69
Erkenne die Botschaften
deiner Aura

Human Design Academy
Unterlagen-PDF

Podcastfolge 81
Sacral Distractions (Part 1)
– Was dein Sakral-Zentrum
blockieren kann

Podcastfolge 49
Erfolgreich im Business
als MG

Podcastfolge 86
Emotionale Autorität,
Mutter-Sein & Neuanfänge –
Interview mit Julie Freytag

Podcastfolge 50
Erfolgreich im Business
als Generator

Podcastfolge 96
Wie du als Reflektor deinen
Mondzyklus erkennen und
besser verstehen kannst

AUSBLICK

Möchtest du weiter-reisen?

Die Reise geht weiter – und wir *begleiten dich* gerne!

Auch wenn das erste Abenteuer nun beendet ist, sei gewiss: Die Reise hat gerade erst begonnen. Indem du die ersten Bereiche deines Human Designs kennengelernt hast, hast du einen Prozess der Selbstfindung angestoßen, der sich ganz natürlich in dein Leben einfügen wird. Solange du deiner Strategie und deiner Autorität folgst, wirst du den für dich stimmigen Weg weitergehen. Vielleicht verändern sich Kleinigkeiten, vielleicht gibt es eine radikale Kehrtwende – wo auch immer du weitergehst, glaub an dich und deine Einzigartigkeit!

Wenn du Lust hast, dein Human Design weiter zu erforschen, vielleicht sogar selbst ein Experte in der Anwendung zu werden, freue ich mich, dich auch weiterhin dabei begleiten zu dürfen. Über passende Begleitung für deine Reise im Rahmen von geeigneten Kursen, Readings oder Mentorings informieren wir dich gerne persönlich oder über unsere Website.

Am besten schaust du direkt mal rein:

www.human-design-academy.com

Die Human Design Academy

Die Human Design Academy wurde im Jahr 2015 von Barbara Peddinghaus gegründet und ist bereits heute eine Institution für die Weitergabe des originalen Human Design-Wissens sowie für die professionelle Ausbildung international anerkannter Human Design-Analytiker nach den Standards der internationalen Human Design Schule (IHDS). Der Schwerpunkt der Vermittlung liegt in der anwendungsorientierten Mischung aus fundierter Theorie und individueller Selbsterfahrung. Das Team der Human Design Academy bietet darüber hinaus vielfältige Readings sowie Umsetzungsbegleitungen im Rahmen von Coachings und Mentorings an.

Bei uns findest du unter anderem:

- *Professionelle Human Design-Kurse und die Ausbildung zum Human Design-Analytiker (IHDS)*
- *Persönliche 1:1 Human Design-Readings für Einsteiger & Fortgeschrittene*
- *BG5® Business- & Karriere-Readings, Mentorings & Workshops für Einzelpersonen und Teams*
- *Umsetzungsorientierte Human Design-Workshops & Praxiskurse zu Spezialthemen*
- *Kostenloser Human Design-Chartrechner*
- *Human Design Academy-Podcast*

www.unsplash.com
Seite 12
Seite 14
Seite 26
Seite 30

www.pexels.com
Seite 17
Seite 20
Seite 32
Seite 35
Seite 36
Seite 42
Seite 45
Seite 46
Seite 52
Seite 55
Seite 56
Seite 62
Seite 65
Seite 66
Seite 72
Seite 75
Seite 76
Seite 80
Seite 86
Seite 100
Seite 147
Seite 198
Seite 204
Seite 214

Naomi Ante De Kind, @nantedphotography
Seite 4
Umschlag Rückseite

**Eckhart Tolle, Stille spricht. Wahres Sein berühren
© 2003 Arkana Verlag, München, in der Penguin Random House Verlagsgruppe GmbH
Übersetzung: Erika Ifang

Basierend auf der Arbeit von Ra Uru Hu, Begründer des Human Design Systems.
Originale Lehrquellen unter: www.jovianarchive.com und www.mybodygraph.com
Human Design BodyGraph, Jovian Archive Human Design™,
Jovian Archive Media Pte. Ltd.

Die internationale Human Design Schule (IHDS) wurde im Jahr 1992 von Ra Uru Hu gegründet. Als solches ist sie die weltweit verantwortliche Institution für Ausbildungs- und Trainingsstandards, die der originalen Lehre entsprechen. Die IHDS ist darüber hinaus verantwortlich für die Festlegung von Qualitätsstandards inkl. der Erstellung und Freigabe entsprechender Human Design-Materialien, sowie als offizielle Zertifizierung- und Akkreditierungsinstanz berechtigt, IHDS Human Design Professionals zu zertifizieren und zu listen. Für mehr Information: www.ihdsschool.com

ANZEIGE

Katrin Jonas
DER INNERE BODYGUARD
Selbstschutz als Schlüssel zur Selbsthilfe
176 Seiten · Broschur
ISBN 978-3-947508-64-8

- Sofort anwendbares Handwerkszeug zur Selbsthilfe
- Neue Perspektive auf Therapie, Traumaheilung und Stressmanagement
- Fundiert Methoden aus Somatik, Hypnose, DeHypnose und traumasensitiver Arbeit

www.innenwelt-verlag.de

Unser Name ist Programm
www.innenwelt-verlag.de